상대방
속마음을
읽는 기술

상대방 속마음을 읽는 기술

개정판 1쇄 발행 | 2020년 12월 15일
개정판 4쇄 발행 | 2023년 06월 30일

엮은이 | 이범준

발행인 | 김선희 · 대 표 | 김종대
펴낸곳 | 도서출판 매월당
책임편집 | 박옥훈 · 디자인 | 윤정선 · 마케터 | 양진철 · 김용준

등록번호 | 388-2006-000018호
등록일 | 2005년 4월 7일
주소 | 경기도 부천시 소사구 중동로 71번길 39, 109동 1601호
　　　(송내동, 뉴서울아파트)
전화 | 032-666-1130 · 팩스 | 032-215-1130

ISBN 979-11-7029-205-0 (13320)

이 도서의 국립중앙도서관 출판시도서목록(CIP)은 서지정보유통지원시스템 홈페이지
(http://seoji.nl.go.kr)와 국가자료공동목록시스템(http://www.nl.go.kr/kolisnet)에서
이용하실 수 있습니다.(CIP제어번호 : CIP2020040460)

상대방의 마음을 읽으면 자신감이 생긴다

상대방 속마음을 읽는 기술

이범준 엮음

매월당
MAEWOLDANG

정치가가 아닌 이상 처음 만나는 사람이나 많은 사람들이 모인 자리에서 우리는 누구나 앞에 나서기를 꺼립니다. 때로는 흥분으로 인해 얼굴이 붉어지든가 땀으로 얼룩지기도 하는 것이지요. 그러나 준비된 사람에겐 모든 것이 여유롭습니다.

자신을 관리하는 사람은 어떠한 상황이 닥치더라도 침착해지며 어려운 일도 즐겁게 해 나갈 수 있는 것입니다. 그러기 위해서는 먼저 자신의 마음을 열고 상대방을 대하는 습관부터 길러야 하지 않을까 싶습니다.

내가 마음의 문을 활짝 열고 상대방을 대할 때 상대방도 나와 마찬가지로 문을 열고 나옵니다. 그때 우리는 우리가 원하는 것을 이룰 수 있는 기회를 찾게 됩니다.

수줍음을 잘 타는 내성적인 사람이라고 해서, 남 앞에 나서지 못하는 성격이라고 해서 단점만 가지고 있는 것은 아닙니다. 마음먹기에 따라 때로는 이러한 단점들이 훌륭한 장점으로 자신을 이끌기도 합니다.

문제는 자신에 대해 얼마나 알고 있고, 또 얼마나 자신에게 투자하느냐 하는 것입니다. 모든 것은 마음먹기에 달렸고, 상대적이기 때문입니다.

이 책을 읽는 당신이 세일즈맨이든 사무직이든 사람은 누구나 상대방을 만나면서 살아가야 한다는 점에서는 모두가 똑같은 처지입니다. 그 속에서 자신의 위치를 당당하게 굳히며 성공하기 위해서는 상대방의 마음을 먼저 읽어내고, 그것에 자신의 수준을 맞추는 것입니다. 그럴 때 우리는 원하는 것 이상의 이익을 얻을 수 있습니다.

그렇다고 가식적으로 행동하라는 것은 아닙니다. 내 자신의 말과 행동이 진심에서 우러나오는 것이라면, 상대방이 굳게 마음의 문을 닫고 있더라도 설득시킬 수 있기 때문입니다.

상대방의 입장을 먼저 생각하십시오. 그러면 길이 보일 것입니다. 상대방의 말을 끝까지 청취하고 나서 당신이 원하는 말을 하십시오. 상대방의 마음에 부담을 주지 마십시오. 그러면 상대방은 당신 편에 서게 될 것입니다.

엮은이 씀

1

상대방의 마음을 읽으면

자신감이 생긴다

당신의 감정을
조절하라

우리는 어떤 문제에 대해서 지나치게 집착하는 경우가 있다. 그런 집착이 때로는 과도하게 분석적인 태도로 나타나기도 한다.

가령 자신이 소심하다는 것을 너무 깊이 생각하고 고민한 나머지 일종의 정신분열적 증세로까지 발전시키는 경우도 있다. 이것은 차라리 무지한 것만 못 하다. 이런 사람은 자신의 결함에 대해 지나치게 분석적인 자세를 취하게 됨으로써, 자신이 심각한 정신 질환에 걸려 있다는 망상에 빠져 버린다.

어쩌면 당신은 전혀 그럴 만한 이유가 없는데도 자신이 소극적인 성격을 가진 사람이라고 단정해 버렸는지도 모른다.

쿠우에는 날마다 여러 가지 면에서 자신이 나아지고 있다는 말을 했다. 그리하여 이 소문을 세상에 퍼뜨렸다. 그는 분명히 나아지고 있었다. 자신의 잠재의식에다 이 소문을 되풀이함으로써 그것을 기정사실로 만들어 갔던 것이다. 이를테면 잠재의식은 의식으로부터 상념을 사들이는 것이다.

오래전, 윌리엄 제임스라는 사람은 '감정이란 육체의 현저한 변화에 의해서 나타나는 정신 상태'라고 정의한 적이 있다.

우리는 저마다 자신의 생각에 따라서 감정의 변화를 불러일으키는 것이다. 당신이 내성적이라고 생각한다면, 당신은 내성적인 사람이 된다. 그러나 한 가지 다행스러운 일은 우리가 우리 자신의 생각을 조절할 수가 있다는 점이다. 결과적으로 우리는 스스로의 감정도 조절할 수 있기 때문에 열등감으로부터 비롯되는 어떤 단점도 극복할 수가 있게 되는 것이다.

생각은 내분비선의 흐름을 바꿀 수가 있다. 그것은 우리의 혈관을 조일 수 있으며, 소화액의 분비를 가로막기도 하고, 부자연스러운 생각의 흐름 때문에 심장 박동을 빠르게 할 수도 있다. 의사들의 주장에 의하면, 인간에게 수줍음을 느끼게 하는 것은 이와 같은 육체의 변화에서 오는 것이라 한다.

만약 우리가 무엇인가를 두려워하면 당장 각각의 기관들이 활동을 시작한다. 그것이 우리의 모든 활동과 다른 사람과의 관계에까지 영향을 미치게 하는 것이다.

이럴 때 상대방은 우리의 내부에서 일어나는 감정의 변화에 당황하게 마련이다. 생각이 육체적 행동을 유발시키는 것이라는 사실을 알기 때문이다. 상대방은 우리의 붉어진 얼굴, 겁에 질린 듯한 눈, 떨리는 입술, 신경질적인 동작에 의해서 긴장하게 된다. 그러므로 불필요한 긴장을 방지하기 위해선 우리 스스로가 자신의 생각을 조절할 줄 알아야 한다.

여러 의사들이 지적하고 있듯이, 찰과상을 입은 환자들은 육체적 고통 때문이 아니라 자신의 피를 보았다는 것이 원인이 되어 졸도하는 경우가 많다. 그렇게 되는 것은 우리의 피가 신체에 미친 결과가 아니라 생각에 미친 결과이다. 우리의 생각이 우리를 졸도시키는 원인이 되는 것이다.

만약 당신이 시청각의 상실이나 다른 단점들도 부끄럽게 여기지 않는다면, 다른 사람들 앞에 나서도 그렇게 수줍어할 까닭이 없으리라.

생각을 조절한다는 것은 사실 사람들을 교묘하게 속이는 셈이지만, 그것이 남에게 피해를 주는 것이 아닌 이상 당신 자신을 위해서 적극 권할 만하다. 어떤 의사는, 대부분의 육체적 질환의 80%가 감정에 의해서 일어난다고 주장했다. 가령 어떤 소심한 청년은 사람들 앞에 나선다든가, 아름다운 여성과 데이트를 한다든가, 직장에서의 승진을 생각하는 것만으로도 실제로 병에 걸리는 경우가 있다.

사람이 노여움 때문에 심장 발작을 일으킨다는 것은 널리 알려진 사실이다. 심장병 환자 중에는, '나의 생명은 이제 내 것이 아니라 남의 손에 쥐어져 있다.'고 말하는 사람도 많이 있다. 다른 사람과의 갈등으로 만약 그가 흥분하거나 노여움을 폭발시킨다면, 그는 스스로 자기 목숨을 끊는 결과를 초래할지도 모른다.

소심한 사람은 사회적 '자살' 요인이 많은 사람이라는 것을 주의하라.

:: 즐거운 생각으로 상대방을 대하라

우리들 내부에는 즐거운 감정이 있는가 하면 불쾌한 감정도 있다. 각자의 생활이 이것을 조절하는 것이다.

우리의 정신이 어떤 일에 대해서 생각을 하면, 신경이 그것을 내분비선으로 전한다. 그러면 육체는 곧 반응을 나타낸다. 남 앞에 나섰다는 두려운 생각 때문에 다리가 떨리거나 등이 가려워지기 시작하는 것이다.

근육은 신경을 통하여 두뇌에서 보내진 통신에 의해서 긴장한다. 마음이 '나는 저 상사가 무섭다.'고 할 때 근육이 신경에 따라서 반응을 일으킨다. 이것은, 소심한 사람이라는 마음가짐을 극복하기 위해서는 먼저 머릿속에서 무엇을 생각해야 할 것인가를 결정해야 한다는 교훈을 알려 주고 있다.

여러 의사들의 증언에 의하면, 인간은 생각만으로도 자신의 육체적 통증을 만들어 낼 수가 있다는 것이다. 그러므로 아픈 것은 육체가 아니다. 사실은 우리의 신경이 흡사 육체의 어떤 부분에 이상이 생겼고 이것이 통증을 일으키고 있는 듯이 여기도록 반응을 일으키고 있는 것에 지나지 않는다.

우리는 머리로 생각하는 것만으로 피부를 가렵게 할 수도 있으며, 미소를 짓는다거나 얼굴이 붉어지는 것을 방지할 수도 있다. 또한 조금도 두려움 따위는 느끼지 않는 듯이 상대방을 속일 수도 있다.

만약 이상의 설명만으로는 너무나 추상적이라 자신이 어떻게 해야 하는지 제대로 알 수가 없다면, 생각이 우리의 피부를 조이기도 하고 얼굴에 피를 몰리게 하거나 두통을 일으킬 수도 있다는 것만을 이해해 주었으면 한다.

생각을 조절한다는 것은, 우리의 신경을 속이고 육체적인 반응을 적당히 숨길 수 있는 방법을 뜻한다. 내성적인 사람의 대부분은 자신이 고질적인 편두통에 시달리고 있다고 믿는다. 그리하여 더욱 신경을 혹사시키고 감정을 극도로 예민하게 부추겨 궤양에 걸리는 일까지 생긴다.

:: 빨간 넥타이로 당신의 생각을 고양시켜라

색채는 우리의 감정에 영향을 미치게 할 수가 있다. 소는 보통 사람이 생각하고 있는 것처럼 붉은색에만 자극을 받는 것이 아니다. 푸른색이라든가 흰색도 소에게는 비슷한 반응을 일으키게 하는 것이다. 그러나 역시 붉은색은 흥분을 유발시키는 색이다. 그것은 우리의 감정을 흔들어 놓고 우리의 마음을 들뜨게 한다.

그러므로 이렇게 제안하고 싶다. 소극성을 극복하는 하나의 방법으로 빨간 넥타이를 매라는 것이다. 어쩌면 당신은 갑자기 웬 '빨간 넥타이' 타령이냐고 반문할지도 모른다. 그러나 이것은 결코 바보 같은 이야기가 아니다.

대체로 회색이란 우리의 마음을 진정시키고, 노란색은 기운을 내게 하며, 검은색은 우리를 차분한 분위기 속으로 유도한다고 의사들은 주장한다.

노란색은 다른 색보다 오랜 시각적 여운을 남긴다. 노란색이 먼 곳에서도 잘 보이는 것은 그런 이유 때문이다. 그래서 아이들의 비옷이 대부분 노란색인 것이다. 실내 인테리어 디자이너들은 하루 종일 '아침의 밝음'을 보존해 두기 위해서 태양 광선이 들어오지 않는 방을 노랗게 설계하기도 한다.

그런 이유로 어떤 심리학자는 전화기를 붉게 칠해 두면, 장시간의 통화를 막을 수 있다고 주장한다. 빨간색 전화기가 심리적 불안감을 불러일으킨다는 것이다. 회사에서도 비상 전화는 빨간색을 쓰는 경우가 많다. 꼭 필요한 상황이 아니면 통화 시간을 단축시키기 위한 것이다.

색채가 사람에게 미치는 영향을 연구한다면 정말 흥미 있는 사실이 발견될 것이다.

대개 소심하고 내성적인 사람은 평범한 복장을 선호한다. 그러나 간혹 상상 외의 화려한 복장으로 주위 사람들을 깜짝 놀라게 만들기도 한다. 이럴 때 그는 남모르게 심리적으로 고양되어 있거나 혹은 과감한 기분 전환을 시도하는 중이다. 성격 변화를 위해서 이것은 매우 의미 있는 시도라 할 수 있다.

작가인 로블 부인은 '만약 당신이 남자로부터 결혼 신청을 받고 싶으면, 그런 분위기에 어울리는 색조를 갖춘 방으로 그를 데려가야 한다.'라고 가르친 바가 있다.

그녀는 색채란 것이 사람들의 기분에, 우리가 생각하고 있는 것 이상의 영향을 끼치고 있다는 것을 알고 있었다. 그러므로 만약 당신이 내성적이며 우유부단한 성격의 사람이라면, 색상을 교묘하게 이용함으로써 스스로 자신의 정신을 고양시키도록 노력해야 한다.

흥분하라, 자주 흥분하라, 당신 자신을 흥분 속에 살게 하라.

당신의 생각을 조절하고 당신의 소심함을 알려 주는 감정적인 단점을 피하기 위해서 자주 흥분하는 것도 필요하다. '빨간 넥타이'를 당신의 몸이 아닌 '감정'을 꾸미기 위한 도구로 활용하라.

:: 무엇 때문에 자신감을 상실하는가!

당신은 자신감을 상실했기 때문에 소극적인 인생을 살고 있는 가? 당신은 실업자가 되었으니까, 승진을 하지 못했으니까, 실연 당했으니까, 큰 집에서 살 수 없으니까, 멋진 차를 가지지 못했으니까, 실패자니까 하는 따위의 이유에서 그렇게 되었단 말인가?

우리는 성공의 정상에 오르기 전까지는 모두가 실패자이다. 인생에서의 궁극적인 성공은 실패의 혼란 속에서 생겨난다. 성공은 불사조처럼 갈등, 실패, 낙담과 같은 타 버린 잿더미 속에서 소생하는 것이다.

'어둠을 저주하기보다는 설사 하나의 등불이라 해도 그것을 켜두는 것이 좋다.'

이것은 일생 동안 허다한 좌절과 실패를 겪었지만 삶을 최후의 승리로 전환시킨 링컨의 좌우명이었다.

다음은 좌절과 낙망 그리고 희망 속에서 참된 성공자로 등장하기까지 링컨이 경험한 열다섯 가지의 이력을 적은 것이다.

① 1832년에 실직했다.

② 1832년에 주의회 의원에 입후보했으나 낙선되었다.

③ 1833년에 사업에 실패했다.

④ 1834년에 주의회 의원에 당선되었다.

⑤ 1835년에 애인이 죽었다.

⑥ 1836년에 신경쇠약에 걸렸다.

⑦ 1838년에 의장에 입후보하여 낙선의 고배를 마셨다.

⑧ 1843년에 국회의원에 입후보하기 위한 추천을 받는 데 실패
했다.

⑨ 1846년에 국회의원에 선출되었다.

⑩ 1848년에 재추천을 받았다.

⑪ 1849년에 국가 토지관리국에 입국을 거절당했다.

⑫ 1854년에 상원의원 선거에 입후보하여 낙선되었다.

⑬ 1856년에 부통령 지명전에서 패배했다.

⑭ 1858년에 재차 상원의원 선거에서 패배했다.

⑮ 1860년에 대통령에 선출되었다.

모든 것은 마음먹기에 달렸다

찰과상을 입은 환자들은 육체적 고통 때문이 아니라 자신의 피를 보았다는 것이 원인이 되어 졸도하는 경우가 많다. 그렇게 되는 것은 우리의 피가 신체에 미친 결과가 아니라 생각에 미친 결과이다. 우리의 생각이 우리를 졸도시키는 원인이 되는 것이다.

마음이 부자인 사람은
무일푼이라도 가난하지 않다

　영화 〈오클라호마〉나 〈180일 간 세계 일주〉 등의 제작자인 마이크 토드는 한때 파산의 명수였다. 그는 30세까지는 신동이었으나 30세 이후로는 부도 사업가였다. 어찌나 파산을 밥 먹듯이 했던지 그 횟수는 헤아릴 수가 없을 정도였다.

　이 파산의 명수가 하는 말을 들어보자.

　'가난하다는 것은 마음의 자세에 관한 문제이다. 무일푼이라는 것은 지갑의 일시적 상태일 뿐이다.'

　얼마나 좋은 말인가. 만약 당신도 이 진리를 이해하고 있다면 돈을 못 벌고 있다는 사실만으로 언제까지나 맥없이 앉아 있지는 않을 것이다. 무일푼이라는 상태는 그것 때문에 위궤양을 일으키거나 욕구 불만 따위에 빠질 만큼 절망적인 상황이 아니다.

　대부분 가난한 젊은이들은 자기에게 돈이 없다는 것을 지나치게 의식한 나머지 언제나 남의 뒷전에 숨어 있거나 병적인 불안에 빠져 있기가 십상이다. 그들은 가난을 일종의 범죄처럼 부끄러워하기 때문에 열등감을 갖게 된 것이다.

당신은 가난한 집에 태어났을지도 모른다. 그러나 그것은 당신의 잘못은 아니다. 친구가 부자라고 해서 그가 당신보다 우월하다는 증거는 아무 데도 없다. 가난하다는 것은 마음의 상태이다. 은행 예금이 없다는 것과 친구가 없다는 것을 동일시하는 것은 어리석은 일이다. 그것은 자기 자신이 돈 많은 친구에게 멸시를 받아도 당연한 일이라고 마음속으로 속삭이는 것과 같다. 그러나 미래는 결코 속단할 것이 못 된다.

많은 사람이 젊었을 한때는 가난했지만 훗날 부자가 된 예는 얼마든지 있다. 헨리 포드가 그러했고, 비누 장수였으나 후에 껌으로 갑부가 된 리글레도 그랬다. 또한 '아메리카 은행'의 은행장이었던 기어니드는 한때 야채를 팔고 다니던 가난한 행상이었다.

그들 모두가 태어났을 때는 가난했다. 때로는 파산을 한 적도 있었다. 그러나 그들은 결코 시련 따위에 지지는 않았다. 반대로 가난하게 태어났다는 것이 그들에게 돈을 벌어야겠다는 충동과 의지, 욕망을 심어 준 것이다.

과자 왕인 허세는 초콜릿을 수레에 싣고 공장마다 찾아다니며 파는 행상이었다. 또 제너럴 일렉트릭 회사의 찰스 E. 윌슨은 주급 4달러에 노동력을 팔아야 했던 처지였으나, 드디어 미국에서 손꼽히는 부자가 된 것이다.

:: 일에 대한 긍지는 모든 것을 극복하게 한다

버나드 바르크는 25세에 억만장자가 되었다. 또한 다른 억만장자와 함께 5명밖에 안 되는 미국 대통령의 고문이 되었다.

그의 성공 비결은 다음과 같은 것이었다.

'미국이란 나라는 올바른 자세를 가진 사람에게는 언제나 기회가 열려 있는 나라이다. 문제는 부자가 되어야겠다는 결심에 달려 있다.'

그는 내성적이고 수줍음을 타는 사람에 대해서는 어쨌든 자신의 일을 연구하라는 충고를 하고 있다. 그것을 실제로 적용하는 방법을 제시해 주는 좋은 예는 안소니 어스트의 이야기이다.

안소니는 미국 이민 2세로 뉴욕의 구두닦이 출신이었다. 그는 영어를 잘하지는 못했으나, 구두를 번쩍거리도록 닦는 데는 최고의 솜씨를 발휘했다. 그는 자신의 일에 긍지를 가지고 있었다. 그러나 그에게는 한 푼의 돈도 없었다. 그야말로 무일푼이었다. 게다가 내성적이었다. 그러나 결코 마음까지 가난하지는 않았다. 때로는 몹시 수줍어하는 일도 있었으나 항상 마음만은 부자였다. 그는 구두를 누구보다 잘 닦을 자신이 있었다. 그리하여 마침내는 오늘날에도 팔리고 있는 그리핀 구두약의 창시자로 군림하는 행운을 안게 된 것이다.

무일푼 상태에서 그는 대기업을 일궈냈다. 내성적이기는 했으나 자기 일에 대한 긍지와 열의로 기회의 문을 두드린 결과였다. 그 구두닦이 소년은 이제 경마장의 마주로서도 돈을 끌어모으고 있다.

:: 작은 동기가 마음을 열게 한다

댄스 교사인 아서 말레는 오늘날에도 잡지의 만화에 나올 만큼 내성적이고 수줍음을 타는 소심자의 면모를 갖추고 있었다. 그는 고함을 치거나 공격적이고 자유분방한 타입은 아니었다. 오히려 조용하고 얌전한 타입이었다. 그는 친구들에게 그 수줍어하는 성격 때문에 항상 놀림감이 되기도 했던, 마르고 자의식 강한 소년이었다. 그러나 속으로는 여러 사람들 틈에 끼고 싶다는 간절한 소망을 품고 있었다. 그는 친구가 되어 줄 사람을 원했다.

말레는 시골의 공회당에서 열리는 주말 파티에서도 동료들처럼 떠들썩하게 즐길 수가 없었다. 그는 항상 겁에 질려 있는 듯한 정말 내성적인 성격의 청년이었다.

젊은 말레가 자기에게 숨은 재능이 있다는 것을 발견한 것은, 어떤 젊은이가 아가씨를 데리고 와서 싫다는 그를 무리하게 춤추게 한 것이 동기가 되었다. 이제 춤 신청은 그에게 두려움보다는 오히려 즐거움을 안겨 주었다. 왜냐하면 그로 인해 그는 자의식 과잉에서 해방되었기 때문이다.

이 일은 내성적인 성격의 소유자가 차츰 대담해지는 계기가 되었다. 그때부터 말레는 춤을 추기 시작했다. 초대를 받은 곳이라면 어디라도 참석했으며, 때로는 자기가 먼저 찾아가 춤을 추었다. 이 수줍음 많은 젊은이는 댄스 경연대회에 나가서 1등을 차지하기도 했다. 얼마 후 그는 노스캐롤라이나의 클럽 댄스 교사가 되었다.

그러나 그렇게 해서 먹고 산다는 것은 너무나 진지하지 못한 것 같았다. 말레의 양심은 또 자신을 괴롭히기 시작했다. 그는 다시 종전대로 내성적이며 겁에 질린 듯한 수줍음 많은 소심자의 면모를 나타내게 되었다.

좀 더 진지한 일을 해야 할 게 아닌가? 이런 고민 끝에 그는 남성적인 직업을 택하기 위해 조르지어 공업학교에 입학했다. 그러나 학교에서도 그는 댄스의 매력을 잊을 수가 없었다.

그리하여 그는 통신망을 통한 댄스 교습을 시작했다. 첫 번째 광고를 냈을 뿐인데도 다른 내성적인 사람들로부터 4만 통이라는 엄청난 신청을 받았다. 결국 말레는 댄스를 자신의 직업으로 삼게 되었다.

:: 일에 대한 열정이 상대방을 감동시킨다

이것은 한 사람이 아니라 두 남자의 이야기이다. 두 사람 모두가 저명한 음악가의 아들인 15세의 내성적인 소년이었다.

레오볼드 고도우스키와 레오볼드 만네스. 15세가 되었을 때 두 사람은 많은 점에서 공통점을 갖고 있었다. 음악에 대한 열정과 내성적인 성격, 두 사람 모두가 소심한 성격이었다.

두 소년은 인생에 있어서 하나의 꿈을 가지고 있었다. 그들은 틈만 나면 화학실에서 시간을 보내며 뭔가를 만들곤 했다.

스물한 살이 되었을 때, 그들은 대학을 졸업하고 뉴욕에 살면서 생활을 위한 방편으로 한 사람은 음악 교사로, 한 사람은 연주자로 일을 했다.

부엌은 그들의 실험실이며 욕조는 칼라 필름의 현상을 실험하는 장소였다. 드디어 그들은 한 장의 감광판에 집결된 칼라 필름을 제조하기 시작했다. 그때는 이미 은행 예금이 바닥이 난 뒤였다. 그들은 마음만 부자였지 실상은 무일푼이었다.

어느 날 그들은 은행가인 레비스 L. 슈트라우스를 만났다. 그는 두 사람이 거실에서 피아노와 바이올린을 연주하던 중 갑자기 연주를 중단하고 욕실로 달려가는 것을 말없이 지켜보고 있었다. 그들은 욕실에서 실험중이던 필름을 건지러 뛰어간 것이었다.

은행가는 깊은 감명을 받고 영국의 자본가인 윌리엄 와이즈먼

경과 협력하여 이 청년들에게 일체의 실험 도구를 원조해 주기로
했다. 그리하여 끝내는 이 적극적이고도 소심한 청년(두 사람은 당
시 그런 성격으로 변해 있었다.)들은 이스트먼 코닥 회사의 C. K. 미
이스 박사를 만난 것이다.

미이스 박사는 두 사람을 코닥 필름의 객원 연구원으로 초대했
다. 그곳에서도 이 두 사람의 음악가에게 있어서 인생은 장밋빛이
아니었다. 간부 중에는 이 두 사람의 소심자에게 급료를 주지 말
자고 주장하는 사람도 있었다. 그러나 그들은 드디어 코닥 칼라
필름을 만들어냈다. 그것은 오늘날 우리가 칼라 사진을 찍기 위해
서 카메라에 끼우는 것과 똑같은 것이다.

무일푼이었지만 가난하지는 않았던 두 사람의 청년이 이것을
완성시켰을 때의 나이가 불과 40세 미만이었다는 것을 생각해 보
라. 그들은 자신들이 무일푼이었다는 것을 알고 있었으나, 동시에
결코 가난하지는 않았던 것도 알고 있었다.

그들은 음악이라는 별도의 위안을 갖고 있었다. 그들은 자신들
이 가진 것만으로도 충분히 부자였다.

긍지를 지닌 사람은 결코 가난하지 않다

당신은 가난한 집에 태어났을지도 모른다. 그러나 그것은 당신의 잘못은 아니다. 친구가 부자라고 해서 그가 당신보다 우월하다는 증거는 아무 데도 없다.

당신은
무엇을 꿈꾸는가?

　내성적인 사람의 장점을 최대한 살리면 사려 깊고 신중한 성격으로 전환시킬 수 있다. 그들은 생각하거나 꿈을 그려보는 시간을 충분히 갖고 있다. 이것은 좋은 현상이다.

　젊었을 때는 내성적인 사람이었는데도 불구하고 드디어 최상급에까지 올라간 예로 RCA의 사장 데이비드 사노프를 들 수 있다.

　그는 이렇게 말했다

　'사람이 마음으로 생각할 수 있는 것은 무엇이든지 끝내는 만들어낼 수가 있는 것이다.'

　아프가니스탄의 아토우러 듀란도 마찬가지이다. 그는 미국에 왔을 때 정말 형편없는 무일푼이었다. 주린 배를 움켜쥐고 거리를 배회하던 중 누군가가 때마침 '미국인에게 지금 당장 필요한 것은 쌀의 소비를 늘려야 한다는 것이다. 만약 그것이 실현되면 인류의 은혜가 될 만한 값싼 식량을 만들 수가 있다.' 고 말하는 것을 듣게 되었다.

듀란은 여러 가지로 연구한 결과 쌀을 손쉽게 요리하는 방법을 발명했다. 그는 자신의 이름으로 특허를 내고 사용료를 받고서 식품 가공업자에게 자신의 발명을 팔았다. 오늘날 그는 억만장자가 되어 있다.

꿈을 실현시킨 내성적인 성격을 가진 사람은 이 밖에도 아주 많다. 제임스 H. 란드는 영화에서 보는 듯한 수완 좋은 사업가 스타일이 아니었다. 그는 자아를 높이고 인생의 승리자가 되는 방식을 발견하기까지는 극히 소극적이고 사려 깊은 청년이었다. 그의 방식이란 다음과 같은 것이었다.

첫째, 자신이 무엇을 하고 싶어 하는가를 분명히 결정할 것.

둘째, 쓸데없는 노력을 되풀이함으로써 시간을 낭비하지 않도록, 같은 일을 하면서도 성공을 거두지 못했던 사람들의 실패 요인을 분석해 볼 것.

셋째, 어떤 문제가 일어났을 때, 그것이 이미 과거에 있었던 문제였는지를 알기 위해서 다른 분야를 조사해 볼 것. 거기에 이용된 것과 같은 원리가 자신의 문제에도 적용되어 있을지도 모르기 때문에.

그리하여 마지막으로 그것을 성공시키기 위한 특별한 기술, 지식, 통찰력 등을 갖췄는지에 대해서 자신을 점검해 볼 것.

조지 G. 그레스델은 실행했다. 그는 바람이 불어도 꺼지지 않는 어느 유명 회사의 라이터를 미국으로 수입하고 싶다고 생각하고 있었다. 그런데 회사 측에서 그것을 허가하지 않았기 때문에 이 아이디어를 체념하는 대신 란드의 방식을 이용한 것이다.

아마 당신도 지포라이터에 관해서 들은 일이 있을 것이다.

:: 당신의 마음을 부유하게 가꿔라

그러므로 만약에 당신이 유복한 가정에서 태어나지 못했다 하더라도 기죽을 필요는 없다. 그런 일로 해서 소심해질 필요는 조금도 없다. 만약 당신이 현재 그런 상태에 있다면 침착하게 잠시 생각해 보라.

전문가들은 한때 실용성이 있는 전기면도기 따위의 생산은 불가능한 일이라고 생각했다. 그러나 자동차, 비행기, 텔레비전 따위의 '불가능한' 아이디어와 마찬가지로 그 꿈도 실현된 것이다.

퇴역 육군 대령 야코브 시크는 금광에 관해서는 전문가였으나 면도기에 관해서는 철저한 문외한이었다. 대담한 성격의 시크 대령은 콜롬비아나 알래스카에서 궁핍한 생활을 견디면서 금광 개발에 열을 올리고 있었다.

어느 날 그는 발목을 심하게 다쳐 몇 주일 동안이나 캠프에 틀어박혀 지내야 했다. 아무런 할 일도 없었고 상상력만이 왕성한 나날들이었다. 그는 영하 40도나 되는 추위 속에서 수염을 깎는 일이 얼마나 힘든지 그때 처음 느꼈다. '물 없이 수염을 밀 수 있다면 얼마나 편할까.' 이런 생각도 해 보았다.

이것이 출발점이었다. 전기면도기의 아이디어는 이렇게 하여 생겨난 것이다. 그런데 막상 전문가들과 이야기를 나누어 본 결과 그 아이디어는 웃음거리밖에 되지 않았다. 그러나 시크는 자신의 아이디어가 실현 불가능하다는 것을 믿지 않았다. 그리하여 드디어 전기면도기가 '꿈'이 아니라 '사실'이 될 때까지 실험을 계속했던 것이다.

그 유명한 발명가가 한때 이렇게 말한 일이 있다.

"야심에 불타는 젊은이들에게 내가 충고하고 싶은 것은 '불가능'이라는 말을 잊으라는 것이다. 이 말은 과학의 발전을 가로막는 일을 할 뿐이다. 사람들은 '무엇무엇을 하는 것은 허황된 꿈이다.'라고 말한다. 만약에 그 말을 믿는다면, 우리는 아무 일도 하지 않게 될 것이다. 그러나 우리가 '지금까지의 방법대로 한다면 그것은 불가능할지 몰라도 새로운 방법을 찾아낸다면 가능하다.'

고 생각하게 된다면, 마지막으로 그 답을 발견할 때까지 계속 그
것을 찾게 될 것이다."

이것이 성공을 가져다주는 우리 모두의 확고한 철학이다.

자아를 높이고 인생의 승리자가 되는 방법

첫째, 자신이 무엇을 하고 싶어 하는가를 분명히 결정할 것.

둘째, 쓸데없는 노력을 되풀이함으로써 시간을 낭비하지 않
도록 같은 일을 하면서도 성공을 거두지 못했던 사람
들의 실패 요인을 분석해 볼 것.

셋째, 어떤 문제가 일어났을 때, 그것이 이미 과거에 있었던
문제였는지를 알기 위해서 다른 분야를 조사해 볼 것.

넷째, 마지막으로 그것을 성공시키기 위한 특별한 기술, 지식,
통찰력 등을 갖췄는지에 대해서 자신을 점검해 볼 것.

돈이 성공의 필수 요건은
아니다

당신이 상속받은 재산을 가지고 성공을 살 수 있을까? 속설대로 진짜 '돈이 돈을 만드는' 것일까?

여러 분야에서 성공한 다양한 사람들이 어쩌면 그런 지위에 올라갈 만큼의 돈을 갖고 있었기 때문에 부자가 됐을 것이라고 생각하기 쉽다. 그러나 어느 한 사람도 처음엔 거의 무일푼이었다는 것은 사실이다.

돈은 사람의 노력을 약화시키기 쉽다. 만약 당신이 부자라면 이미 갖고 있는 돈 때문에 그다지 열심히 일하지 않게 될 것이다. 마음이 태평스러워지고 게을러진 탓에 결국 남에게 뒤처지게 될 것이다.

돈은 종종 당신을 교만하게 만들어 성공이나 명성, 또는 인간관계에 오점을 남기기 쉽다는 데 문제가 있다. 돈으로 성공한 사람들은 돈이 필요한 사람들이었다. 결국 목마른 사람이 우물을 판다는 옛 속담이 그대로 현실이 되는 것이다. 뉴욕 호텔의 전 사장이었던 랠프 픽스도 역시 차장 출신으로, 부잣집에 태어난 것은 아니었다.

돈이 성공하는 데 반드시 도움이 된다고는 할 수 없다. 당신 주위에 있는 부자들의 과거를 살펴보면, 의외로 그들이 가난한 집안 출신임을 알고 놀랄 때가 많을 것이다. 이래도 부잣집에 태어나지 못한 것을 유감스럽게 생각할 것인가? 정상에 오를 가능성은 가난한 집안 출신 쪽에 훨씬 더 많다. 당신은 더 무엇을 투덜댈 것인가?

돈은 그릇된 안도감을 주기 쉽다. 부잣집에 태어나면, 돈이 얼마나 소중한 것인가를 알지 못한 채 자라게 된다. 그러나 자기 스스로 돈을 벌어본 사람들은 동전 한 닢이라도 함부로 쓰지 않는 마음가짐을 갖게 된다. 그들은 어떤 수를 써서라도 돈을 없애지 않으려고 할 것이다. 그것을 손에 넣는 과정이 얼마나 힘든 일인가를 알고 있으면, 여간해선 손에서 놓으려고 하지 않게 되는 법이다.

부자들이 쓰고 있는 황금 스푼은 곧 빛이 바래기 마련이다. 부잣집에 태어난 대부분의 젊은이들은 열심히 일할 필요가 없는 사람들이다. 그만큼 성공하고자 하는 의욕의 빛도 바래게 된다.

유산을 상속받은 대부분의 미망인은 곧 그것을 써서 없애 버린다. 그러므로 손수 돈을 벌지 않으면 안 되는 처지를 오히려 기뻐

해야 한다. 그것은 당장 좋은 환경을 타고난 것보다 의미 있는 일이고, 당신의 미래에 보다 더 많은 행복을 가져다줄 것이다.

:: 필요한 사람에겐 먼저 친근하게 접근하라

때로는 당신도 사업을 준비한다든지, 일의 진척을 위해서 얼마만큼의 돈이 필요할 때가 있을 것이다. 돈을 빌리는 데에 어떠한 비결이 있는 것은 아니다. 신뢰와 믿음으로 상대방의 마음을 빼앗는다면, 어떤 은행에서나 당신에게 돈을 빌려 주고 싶을 것이다.

다음의 것들은 돈을 빌리는 경우에 도움이 되는 네 가지의 유익한 힌트이다.

첫째, 만나기 전에 할 말을 미리 생각해 둔다.

둘째, 무엇 때문에 그 돈이 필요한가, 어느 정도의 기간이 필요한가, 어떻게 갚을 것인가를 정확히 설명하는 일에서부터 이야기를 시작한다.

셋째, 어떤 담보를 제공할 것인가를 미리 마음속으로 준비해 둔다.

넷째, 불가능한 일은 약속하지 않는다.

일단 돈을 손에 넣게 되더라도 주위 사람들로부터 금전 거래에 관한 한 신용을 잃지 않도록 노력해야 한다. 가장 중요한 것은 빌려 쓴 것은 약속대로 갚는 일이다.

은행의 신용은 당신의 성공을 위해서 없어서는 안 될 중요한 요소이다. 그러므로 돈을 빌리러 가더라도 언제라도 환영받을 수 있도록 자기 관리에 힘써야 한다.

자주 은행에 나가 보라. 그리고 그들과 친근해져라. 안면이 있는 사람과 상담을 하는 편이 훨씬 더 쉽다. 은행 대출 담당자는 당신이 평소 알고 지내야 할 사람 중의 한 사람임에 틀림없다. 아마 은행 쪽에서도 당신을 알고 싶어 할 것임에 틀림없다. 당신은 그만큼 신용이 확실하니까.

:: 돈이 꿈을 이뤄 주는 것은 아니다

그러나 돈 그 자체가 당신의 꿈을 실현시켜 주는 것은 아니다. 사업 자금을 마련했다면 부지런히 움직여야 한다. 가장 주의해야 할 일은, 꼼짝 않고 가만히 앉아서 어디선가 황금 단지가 요술처럼 나타나기를 기다리는 일이다. 집에서 매일 텔레비전이나 보고 있는 사람에게 기회가 찾아올 리 없다.

영화배우 에릭 존스턴은 한 집 한 집을 방문하면서 진공청소기를 팔러 다녔다. 그는 돈을 가지지 못했고, 그것을 빌릴 만한 담보물도 없었다. 빙 크로스비, 봅 호프, 그 밖의 영화 스타들도 마찬가지였다. 그들은 자기의 손으로 그것을 모았던 것이다.

3천 명으로 구성되어 있는 '호레이쇼 앨자(청소년들을 위한 성공담을 많이 쓴 미국 소설가) 상 선정위원회'는 아직 활동을 멈추지 않았다. 성공을 표창하는 이 위대한 전통은 면면이 이어져 오고 있는 것이다. 최근 이 상을 받은 사람들 중에는 다음과 같은 인물이 있다.

1950년도의 노벨 평화상 수상자인 랠프 번치는 현관지기를 하면서 대학을 졸업했다.

펜실베니아 주립대학 학장인 밀턴 아이젠하워는 농장에서 일을 거들어 주면서 학교에 다녔다.

마크 회사 사장인 제임스 J. 캘리건은 주급 3달러를 받으면서부터 뜻을 세우기 시작했다.

제너럴모터스의 고문으로 있는 찰스 케터링은 전화공이었다.

와이어톤 철강 회사의 토머스 E. 밀소우프는 처음엔 노동자였다.

유명한 목사 이노오먼 빈센트필은 오하이오의 조그만 거리에서 식료품점 점원으로 있었다.

앨리스 찰머즈의 사장인 W. A. 로버트는 목동이었다.

호레이쇼 앨자 시대의 그 정신은 아직도 죽지 않았다는 것을 잘 기억해 둘 일이다. 꿈은 결코 돈이 많다고 해서 달성되는 것은 아니다.

돈이 성공의 필수 요건은 아니다

당신 주위에 있는 부자들의 과거를 살펴보면, 의외로 그들이 가난한 집안 출신임을 알고 놀랄 것이다. 이래도 당신은 부잣집에 태어나지 못한 것을 유감스럽게 생각할 것인가? 정상에 오를 가능성은 가난한 집안 출신 쪽에 훨씬 더 많다. 그렇다면 더 무엇을 투덜댈 것인가?

모든 것은
상대적이다

　우리가 살아가면서 만나게 되는 세 가지 괴물이 있는데 바로 가난, 비난, 질병이라는 것이다. 그것들은 우리의 의식적인 염원이 행동을 일으키기 위해서 잠재의식의 터널로 들어가는 것을 막는, 삶의 공포로 다가오기도 한다. 마치 돈이 돈을 낳고 성공이 보다 더 큰 성공을 부르듯이, 공포는 보다 더 많은 공포를 불러 마침내는 두뇌의 활동을 막고 적극적인 생각을 방해하는 것이다.

　공포는 사람들의 이성을 흐리게 만든다. 그것은 사람의 마음을 신경질적이고 거칠게 몰아붙인다. 무리를 이루어 날아가는 새와 마찬가지로, 공포는 여러 가지 좋지 않은 상황들만 세트로 묶어서 사람의 마음속에 날아들기 때문이다.

　돈에 관한 고민, 가난에 대한 불안, 가족들과의 불화, 소망이 이루어지지 않으리라는 두려움 등이 모든 사람들이 가지고 있는 최대의 공포일 것이다.

사람들은 독립하기를 바라고 있다. 그리고 돈이 그것을 가져다 준다고 믿는다. 돈이 없다는 것은 죽어서도 연고 없는 묘지에 파묻히는 신세가 되는 것, 늘그막에 남에게 손이나 벌리지 않으면 안 되게 되는 것 등을 의미하고 있다. 미래에 대한 불길한 예측이 돈에 대한 사람들의 욕구를 끊임없이 부추기고 있는 것이다.

　생활의 안정이라는 것이 사람들의 첫째 목적이다. 그리고 첫째 가는 공포는 그것이 불가능한 것은 아닐까 하는 것이다. 선로에 잡동사니가 놓여 있으면, 달려가던 열차도 속도를 늦추기 마련이다. 선로 위의 잡동사니들을 치워 버림으로써 당신의 공포를 떨쳐 버려라.

　루스벨트도 이런 말을 했다.

　'우리들에게는 공포 그 자체 외에는 두려워할 것이 아무것도 없다.'

　우리에게 두 번째로 커다란 공포는, 남으로부터 비난받는 데 대한 고민이 아닌가 생각된다. 우리는 비난받는 대신, 남에게 인정을 받고 싶어 하는 것이다. 비난받는 데 대한 고민 때문에 당신의 사고는 희망의 터널 속에서 파멸하고, 부자가 되겠다는 계획은 중도에서 사라져 버리게 된다. 당신은 고민을 떨쳐 버리지 않으면 안 된다. 당신은 그와 같은 고민을 언제나 다른 사람 앞에서 입에 올리는 열등감을 지워 버려야 한다.

당신은 살아 있는 것 자체만으로도 훌륭하다는 것을 알아야 한다. 그렇게 하면 당신은 이 뿌듯한 사실을 남에게 증명하기 위해서 끊임없이 몸을 움직일 것이고, 그러는 사이에 성공의 청사진을 잃어버리는 어리석은 짓은 하지 않게 될 것이다. 그런 일은 불가능하다고 남들이 비웃는데도 불구하고, 새로운 마음의 힘을 발휘하여 자신의 사업을 훌륭하게 운영하고 있는 젊은 사람들을 볼 때마다 가슴이 설레지 않는가.

시카고에 사는 통신 판매에 성공한 존 L. 스트라우스라는 청년이 있다. 존과 그의 친구는 수개월 전에 통신 판매를 계획했었다. 그들은 겨우 수백 달러의 자본으로 사업을 시작했다. 대부분의 사람들은 도저히 수지가 맞지 않을 것이라고 했다.

통신 판매로 향수를 파는 것은 최근에는 사양 산업이라고 일컬어지고 있었음에도 불구하고, 그들에게는 벌써 성공의 서광이 보이기 시작했다. 3개월간의 매출액이 지금과 같은 대량 판매 시대에는 그런 것은 '불가능'하다고 한 비관론자들의 주장을 완전히 뒤엎어 버리고 말았다. 두 젊은이는 그다지 많은 시간을 들이지 않고 이익을 얻는 새로운 비즈니스에 성공한 셈이다.

이것은 만일 무엇인가가 필요하다고 여겨질 경우에는, 대망으로 뒷받침된 주의 깊은 계획만이 성공의 기본적인 요소임을 다시금 증명한 것이다.

만일 당신 자신이 하고자 하는 분야는 그다지 가망성이 없다는 남들의 평판 때문에 낙담하고 있는 중이라면, 이 두 사람의 청년 에게서 희망을 발견하라.

:: 마음의 힘이 묘약이다

일단 당신이 돈을 쥔다면, 이번에는 남한테 인정을 받고 싶어진 다. 그리고 그 후에 당신에게 찾아오는 세 번째의 커다란 고민이 바로 건강이다. 건강을 잃고서야 돈이 무슨 가치가 있겠는가? 그 러므로 당신의 건강 상태가 당신의 성공에의 대장정을 방해하는 고민거리가 되는 것이다.

당신은 이렇게 물을 것이다.

'그렇다면 어떻게 해야 현재의 건강을 유지하는 데 도움이 되겠 는가?'

그 대답은 간단하다. '정신 신체 의학'이라는 멋들어진 말이 그 것을 설명해 주고 있다. 인간의 정신력으로는 못할 것이 없다. 우 리는 정신력으로 병을 치유할 수도 있고 지금 당장 예방할 수도 있다.

마음의 힘으로 질병을 몰아내라. 그것이 현실적으로 가능하다 는 것은 여러 의학 잡지에서 확인할 수 있기 때문에, 당신에게도 강력하게 권할 수 있다. 물론 현대 의학으로도 어쩔 수 없는 갑작스런 불치병이 당신을 덮쳐왔을 때, 마음의 힘으로 그것을 몰아낼 수 있다고 말하는 것은 아니다.

병에 걸리면 의사의 진찰을 받지 않으면 안 된다. 그러나 마음의 힘으로 일단 질병을 피할 수는 있다고 말하고 싶은 것이다. 생각하는 것에는 힘이 있다. 그것은 인간이 만든 기계에서 나오는 감마선과 같은 힘을 방사한다.

당신은 사고를 방사하여 허다한 육체적 '쇠약증', 이를테면 병균이 침입하기가 쉽도록 신체를 약화시키는 나약성을 격퇴할 수 있다.

물론 좋은 의사를 대신할 만한 것은 아무것도 없다는 것은 기억해 둘 만한 일이다. 실제로 병에 걸렸을 경우에는 정신력이 도움이 되기는 하지만 그 병균을 죽일 수는 없다. 그러나 정신의 힘으로 육체의 힘을 강하게 만들 수는 있다.

의사들의 이야기이지만 우리 인간의 신체 속에는 언제나 수많은 병균이 살고 있는데, 육체가 쇠약해질 때만을 기다리고 있다는 것이다. 그런데 당신은 건강을 관리함으로써 병균이 육체를 지배하는 것을 예방할 수 있다.

의사들은, '이젠 나도 살 의욕이 없습니다.' 라고 말하는 환자는 수술을 꺼려하는 경향이 있다고 한다. 환자의 그런 생각이 육체를 약화시키는 것이다. 정신의 힘이 손을 들었기 때문에 육체도 손을 들게 된다. 그러므로 이 환자는 속수무책으로 죽음을 향해 가고 있을 뿐이다.

바쁘게 사는 사람에게 감기는 골칫거리다. 감기 증세는 누구나 미리 알 수 있다. 감기가 올 때마다 가족이나 동료, 주위의 사람들을 실망시킬 수 없다고 생각함으로써 정신력으로 감기를 쫓아 버릴 수 있는 것이다. 만일 그 사람의 마음이 약해지기라도 했다면, 그는 틀림없이 감기에 걸렸을 것이다. 그의 정신력이 저항 의지를 상실했을 테니까.

물론 항상 정신력이 약을 대신할 수 있는 것은 아니지만, 교회 부흥사가 절름발이를 치료하는 것과 같은 기적이 간혹 생길 수 있다는 것은 의사도 인정하는 바이다.

이것은 지나친 억지일까. 그렇게 생각지는 않는다. 의지의 힘으로 원하는 바를 손에 넣을 수 있는 것과 같이, 의지가 병을 격퇴하는 것도 가능한 것이다.

의지의 힘은 질병에 대한 가장 강력한 약이다.

그것은 우리의 머릿속에서 제조되는 묘약이다.

지금 바로 이 의지의 힘을 조제할 일이다!

:: 먼저 자신의 정신이 강해야 한다

당신 육체의 내부에는 위급한 때에 갑작스런 힘을 내는 신비의 안테나가 있다. 벽이 당신의 머리 위로 무너져 내린다. 당신은 그것을 본다. 마음이 그곳에 무선 전신을 보낸다. 안테나가 에너지를 분출한다. 그리하여 당신은 자신의 손으로 그 벽을 들어올리는 초인적인 힘을 발휘한다. 이것이 육체를 지배하는 정신의 힘이다.

그것은 당신을 습격하는 병균에 대해서도 힘을 발휘한다. 육체가 이완되기를 기다렸다가 공격을 가하려고 하는 수많은 병균이 있는 것이다. 당신은 그것들에 대해서 언제든지 진주만 공격과 같은 기습 공격을 개시할 수 있다.

질병이란 병균과 에너지의 싸움이다. 당신은 병균과 전혀 인연이 없을 수는 없지만, 그것을 적당히 억눌러 놓을 수는 있다. 당신의 정신이 당신을 위해서 그 일을 해 주는 것이다. 만일 목구멍이 아프거나 감기 몸살에 걸리는 일이 있다고 한다면, 그것은 대개 당신의 스케줄이 끝난 다음의 일일 것이다. 그때 긴장을 풀고 휴식을 취한다. 그러면 부주의하게 된다. 여하튼 책임을 져야 할 일이 없으니까…….

그리하여 당신은 기분이 이완되는 것을 느낀다. 차라리 지금 이렇게 앓아 눕는 것이 편하다는 생각도 든다. 그러고는 더 큰 병에 걸리고 마는 것이다.

고속도로의 차 사고는 운전자의 기분이 이완되었을 때 일어난다. 운전자의 정신이 민첩하게 반사 신경을 조절하여 눈과 귀, 손발을 돕고 있을 때에는 그와 같은 일이 일어나는 경우가 드물다.

절대로 항복 같은 건 하지 말아야 한다. '희망'이란 어떠한 곤란에도 굽히지 않는 불타는 결의, 바로 그것이다. 눈이 잘 보이지 않는 상태에서도 어떤 의술로도 흉내내지 못할 정도로 효험이 있는 의지라는 것 덕택에 완전한 장님이 되는 것을 면하고 시력을 구한 사람의 예도 있다.

의지는 또한 많은 말더듬이에게도 그 곤란을 극복시켰다. 정신은 부러진 팔을 치료할 수는 없으나, 뼈를 빨리 회복시키는 데 도움이 되는 내부적 치료를 할 수 있다는 것만은 확실하다.

당신의 정신은 모든 자연적 현상을 개선시킬 수가 있다. 이제부터 정신에 대해서 육체와 함께 맞벌이할 기회를 제공해 주자.

'나는 죽고 싶지 않다. 죽어선 안 된다. 그렇게 되면 나의 가족, 나의 아들딸들은 어떻게 살아가란 말인가?'

의사가 가망이 없다고 포기한 환자가 이렇게 외친다. 대부분의 경우, 이와 같은 사람은 회복되게 마련이다.

'20년 전에 의사에게 사형 선고를 받았습니다만…….'

이런 이야기도 흔히 듣는 사례이다.

데오도르 루스벨트는 의사에게 버림받았을 때 서부로 갔다. 뉴욕의 메이어 라가르디아도 그러했다. 두 사람 다 그 후로 오랫동안 수명을 누렸다. 그들의 정신이 병균보다도 강했던 것이다. 그러므로 당신이 병에 걸렸을 경우에는 마음의 광선을 이용해 볼 일이다. 그것이 병균을 일소하는 데 도움이 될 것이다.

정신은 육체를 이기는 것이다.

:: 질병도 당신의 마음을 약하게 하지 못한다

허버트 G. 뮬러는 남에게 고용된 운전사였다. 그는 몹시 병약했기 때문에 의사도 가망이 없다고 포기할 정도였다. 육체를 이기는 정신의 힘을 알고 있었던 그는 의지의 힘으로 죽지 않기로 결심했다. 그리하여 죽지 않았다. 이제 그는 건강에 관한 고민을 극복했다.

그 후 그는 돈이 있어야겠다고 생각했다. 그리고는 가정이나 스테이지 등, 어디에서나 춤을 출 수 있는 휴대용 무도장을 창안해 냈다. 자기 집에서 그 꿈을 이루어낸 것이다. 지금 이 운전사는 자신의 자가용 운전사를 고용하고 있다. 가난과 병이라는 괴물을 정복했던 것이다.

조지아 주의 데카타에 살고 있던 조엘 T. 헨리도 몹시 가난하게 살았다. 그는 틈만 나면 누구나 다 흔히 그러하듯이, '만일 나에게 후원자가 있다면, 돈이 있다면 성공하겠는데……' 라고 투덜거렸다. 그 후 그는 이와 같은 소극적인 사고방식을 개선하기로 했다. 자신의 경제적 공황을 잊어버리기로 한 것이다. 그는 만일 자신이 올바른 태도만 취한다면 돈이 들어올 것이라고 믿었다.

약간의 돈을 손에 쥔 다음 그는 그 돈으로 두 사람의 기계공을 고용했다. 그들은 하나의 아이디어를 가지고 있었다. 어떻게 그 청사진을 만들고, 어떻게 그것을 착수할 것인가도 알고 있었다. 그들은 콘크리트 블록을 생산하는 기계를 만들었다. 지금 조엘 회사에서는 80명의 숙련공이 일하고 있다. 가난이라는 괴물이 조엘의 무서운 결심에 녹아웃 펀치를 얻어맞은 것이다.

누군가의 생명을 죽이는 데 있어서 가난, 비난, 질병이라는 세 마리의 괴물이 전부 필요한 것은 아니다. 단 한 마리로도 충분하다. 그러나 그 괴물을 퇴치하는 데는 정신력이 우선되어야 한다.

텍사스에 사는 수의사 레이 프리먼은 33세에 병으로 말미암아 등을 다쳤다. 하지만 그는 친지들에게 전화로 판매하는 전기 제품의 세일즈맨이 되었다. 그 후 그는 가게를 넓혀, 지금은 다른 상품도 팔고 있다.

"수술 뒤 옆구리 한쪽이 잘려 나갔을 때 나는 완전히 실성을 했었습니다."

그의 말이다.

"그러나 그 고통도 잠시뿐, 오랫동안 병원에서 사방의 벽만을 바라보고 지내는 데에 그만 넌덜머리가 났습니다. 그래서 나는 누워 지내는 상태일지라도 장사를 하기로 했습니다."

그는 질병이라는 괴물에게 짓눌려 목숨을 포기하는 대신 꿈을 실현했던 것이다.

봅 크리스텐벨리는 해병대에 있을 때 팔 하나를 잃었다. 그러나 그 일은 그가 유명한 브로드웨이의 애스터 호텔의 사장이 되는 것을 방해하지는 못했다.

고든 나이트는 사관학교에 있을 때 몹시 얻어맞은 일이 있었는데, 그 후 척추에 부상이 생겨 앉아 있을 수가 없게 되고 말았다. 군인이 되려고 한 그의 열망은 사라져 버렸으나 그는 다른 분야에서 '장군'이 되었다. 그는 훌륭한 잡지 판매점을 만들어 전국적인 체인점의 사장이 되었다.

달라스에 사는 마젤 E. 슬론 부인은 회전의자에 앉아 노후를 보내는 인생은 절대로 되지 말자고 결심했다. 그녀는 81세였다. 그녀가 그림을 그리기 시작한 것은 모제 할머니보다도 한 살 위인 때였다. 그리고 그녀는 지금 그 나이로 20개의 상업 잡지에 그림을 그리고 있다. 요즘도 그녀는 하루가 24시간밖에 되지 않는 것을 아쉬워하고 있다.

"나이를 먹으니까, 가난한 사람과 돈 많은 사람의 차이가 느껴지지 않아요."

한 번은 그녀가 이런 말을 했다. 그녀가 '인생은 60부터'라는 클럽에 가입했을 때, 주변 사람들로부터 분수도 모르는 늙은이라고 비판을 받았다. 그러나 그녀는 젊음이 넘치는 결의로 그것을 물리쳤다. 그녀는 81세라는 고령으로 남들 같으면 엄두도 못 냈을 꿈을 실현시킨 여성이다.

:: 모든 것은 상대적인 것이다

10달러밖에 가지고 있지 않은 부랑자도 정신적으로는 100만 달러를 가지고 있는 대부호와 마찬가지로 부자일 수 있다. 다리가 하나밖에 없는 사나이도 장님을 보면 행복해지는 법이다. 모든 성공은 상대적인 것이기 때문에.

행복이란 상대적인 것이다. 행복이란 만족한 상태에 지나지 않는다. 당신이 만족하고 있으면 당신은 행복한 것이다. 공포도 또한 상대적이다. 어떤 사람은 상원의원 선거에서 낙선할지도 모른다고 두려워한다. 어떤 사람은 결혼하지 못할까 두려워한다.

당신의 두려움을 다른 사람의 두려움과 비교해 보고는 이 정도는 결국 하찮은 것에 지나지 않는다는 것을 알게 되는 경우도 많았을 것이다.

월터 마테니는 가난에 대한 공포 외에는 아무런 고민도 갖고 있지 않았다. 그는 전후 5천 명의 부랑자들이 사회에 복귀하는 것을 돕고 있었다. 그때 자신의 고민을 이들이 가진 것과 비교해 보고 자신이 얼마나 부끄러운 고민에 빠져 있었는지를 깨달았다.

전쟁이 끝났을 때, 그는 복귀자 원호 자금을 빌렸다. 뉴저지 주의 프라크마인에 18개의 방이 딸린 집에 36명의 중풍 환자를 수용했다. 그는 그들이 자신의 발로 일어설 수 있을 때까지 정성껏 돌보는 것으로 오늘도 보람찬 나날들을 보내고 있다.

이 환자 중의 어느 한 사람도 가난에 대한 고민이나 남에게 비난받을지 모른다는 것에 대한 고민 따위는 갖고 있지 않았다. 그들에게 중요한 것은 오직 자신의 건강을 되찾겠다는 의지뿐이었다.

월터는 그들을 도와주고 있다. 그렇게 함으로써 돈으로도, 명예로도 살 수 없는 확실한 가치인 소중한 인생을 살아가고 있다.

의지의 힘이 강력한 약이다

강한 정신은 부러진 팔을 치료할 수는 없으나, 뼈를 빨리 회복시키는 데 도움이 되는 내부적 치료를 할 수 있다는 것만은 확실하다. 당신의 정신은 모든 자연적 현상을 개선시킬 수가 있다. 이제부터 정신에게 육체와 함께 맞벌이할 기회를 제공하자.

상대방의
마음을 여는 열쇠

지금 당신에게 필요한 것은 패자에서 승자로 바꾸는 '극히 적은 양의 특별한 것'들이다. 예를 들면, 그것은 어떤 일을 하기 위한 새로운 방법이라든가 좋은 청취자가 되어 좋은 친구를 만드는 특별한 능력 따위의 '다른 사람보다 무엇인가 여분의 것'을 갖는다는 것을 뜻하고 있다.

미국의 TV 스타인 프랑시스 호비크도 이 여분을 가지고 있었다. 그렇다고 활동적인 세일즈 성향의 인물은 아니었다. 그녀는 조용하고 얌전하게 모든 것을 운명에 맡기는 태도였다. 당신은 그녀가 의사라는 사실을 알고 있는가? 프랑시스 호비크가 의학 박사라니? 하고 당신은 생각할지도 모른다.

의사치고 자유분방한 타입의 사람은 그렇게 많지가 않다. 그들은 사려가 깊고 수줍음을 탈 때가 많으며, 태반은 선천적인 소심자이다. 또한 대체로 교제가 서툴다. 반면 직업상 좋은 청취자이며, 사색가이다.

수많은 어린이 시청자들을 매혹시키는 호비크 박사의 '극히 적은 양의 특별한 것'이란, '그 아이가 공부하고 놀고 즐기는 균형이 잡힌 생활을 할 수 있게 하는' 것이다. 그녀는 TV 쇼 프로그램 같은 것은 시청자에게 악영향을 끼친다고 주장했다. 그러나 '공부하고 놀고 즐기는 균형 잡힌 생활'은 꼭 필요한 것이라고 강조했다. 그것이 그녀가 말하는 '극소량의 특별한 것'이다.

허리 린그스렛 부인은 미네소타 대학의 여학생 기숙사의 사감이 되기 전까지는 소심하고 수줍음을 몹시 타는 사람이었다. 그러나 많은 소녀들 사이에 섞여서 생활하는 과정에서 사교술이라는 것을 익히게 되었다. 만약 그녀에게 교제를 잘하게 되는 비결이 무엇이냐고 묻는다면, 그것은 소녀들의 '손가락의 상처나 마음의 상처를 고쳐 주는' 극히 사소한 일이라고 그녀는 대답할 것이다. 그녀가 주로 하는 일은 기숙사의 관리와 식단의 작성, 요리 보조, 회계나 직원의 고용, 감독 등의 일이었다.

그녀는 거기서 한 걸음 더 나아가서 그녀의 '가족'을 마음으로 보살펴 주는 일도 중요하게 여겼다. 그것이 그녀의 '특별한 것'이었다. 사람들을 이해해 주는 것, 그들이 무엇을 즐기고, 무엇을 꿈꾸며, 그들의 희망과 동경이 무엇인가를 이해한다는 것은, 당신을 호감 가는 인물로 바꾸는 데 결정적인 역할을 하게 될 것이다.

:: 상대방을 먼저 좋아하라

살아 있는 사람에게 공동묘지 땅을 마련하게 하는 것만큼 어려운 일은 없을 것이다. 원기 왕성한 인간은 죽음을 생각하지 않는 법이다. 이럴 때 자신의 장례식을 위해서 공동묘지의 땅을 사 두어야겠다는 생각 따위는 마음의 어느 구석에도 없을 것이다.

그러나 베티 버나는 그것을 팔았다.

"이것은 가장 저항이 많은 상품이에요."

스스로도 그렇게 인정했으나, 그녀는 그 일을 해냈다. 그녀는 인간에 관해서 많은 것을 알고 있다는 것과 교제술이 좋다는 점을 이용하여 그 어려운 상황에서 사람들을 납득시킨 것이다.

그녀가 공동묘지를 팔기 시작한 것은 워싱턴의 포드 링컨 공동묘지가 최초였으나, 지금은 캘리포니아의 잉글우드까지 사업 범위를 확장시켰다. 사람들과 교제를 할 때 수줍음을 극복하는 비결에 대한 그녀의 철학은 다음과 같은 것이다.

"내 자신이 남의 호감을 사야겠다고 생각하면, 먼저 내 편에서 그 사람을 좋아할 수 있어야 합니다."

이것이 바로 진리가 아닐까? 당신이 남을 좋아하면…… 그도 당신을 좋아하게 된다. 이것은 극히 단순한 원리이다.

그렇다면 그녀는 어떤 방법으로 이것을 해낼 수 있었는가?

"나는 내가 필요로 하는 인물로서 그 사람을 다루었습니다. 그렇게 하면 그들은 나를 필요한 사람으로 받아들였습니다. 어떻게 다루어도 무방한 사람으로서 그들을 다루었다면, 결코 무덤 같은 건 사 주지 않았을 것입니다.”

이제는 당신도 알았을 것이다. 분명히 그대로다. 당신은 당신 자신이 열의를 가짐으로써 사람들에게 열의를 가지게 해야 한다. 그들의 머리가 아니라 마음에 대고 이야기를 해야 한다.

당신이 남에게 가장 깊은 인상을 주는 방법은 마음에서 마음으로 통하는 길을 찾아야 한다는 것이다. 그것이 냉정한 고객을 따뜻한 친구로 바꾸는 비결이다. 다음은 당신이 상대방과 통할 수 있는 마음의 길을 찾는 법에 대한 몇 가지 원칙이다.

첫째, 상대방의 수준으로 접근하라.

상대방의 마음에까지 도달하겠다고 생각한다면, 상대방의 마음에 직접 호소해야 한다. 당신 앞에 앉은 그 사람의 수준으로 이야기하라는 것이다. 머리 너머로 해서도 안 되며 머리를 향해서 이야기해서도 안 된다. 그들의 마음을 향해 이야기하라는 것이다.

“그녀는 결코 우리를 내려다보는 듯한 태도로 이야기한 적이 없습니다.”

헨리 C. 리튼 회사의 종업원들은 그들의 사장 보좌역을 맡고 있던 스우 지커 부인에 대해서 이렇게 말하고 있다. 이런 말은 한 사람의 여성으로서 남자들에게 받을 수 있는 최고의 찬사가 아닐까?

유명한 달라스의 부동산업자인 에베 할리디도 머리를 향해서가 아니라 고객의 마음을 향해 이야기하는 자세를 알고 있었던 사람 중의 하나이다. 가옥의 경우든 토지나 빌딩의 경우든, 그녀는 먼저 마음에 호소하고, 그런 후에 머리에다 말을 들려주는 순서로 했다. 냄새부터 풍긴 후에 요리를 파는 수법이다.

둘째, 당신은 먼저 이 세상에서 특별히 할 일이 없는가 자신의 주위 를 보라.

텍사스 주의 텔러에 있는 안네트 오스턴은 휴가를 위해 돈이 필요했다. 그러나 여성들이 흔히 할 수 있는 집 지키기와 아이 돌보는 일에는 너무나 경쟁자가 많았다. 결국 그녀는 '집 지키기' 대신 '쏘다니는' 일을 생각해 냈다.

무엇을 했다고 생각하는가? 그녀는 어린이들을 모아서 영화관 이라든가 공원, 치과나 도서관, 수영장이라든가 이발관에 데리고 가는 일을 시작한 것이다. 그녀는 새로운 일을 발견했다. 빨리 어른들의 흉내를 내고 싶어 하는 어린이들의 마음에 접근할 수 있는 새로운 방법을 발견한 것이다.

자동차를 달리게 하자면 가솔린보다도 공기가 훨씬 필요한 법이다. 아울러 이 두 가지를 잘 섞는 카뷰레터가 필요하다. 당신은 머리와 마음과 입을 가졌다. 당신은 이 원칙을 적용하여 그것을 잘 섞는 좋은 믹서기가 되어야 한다. 교제를 잘하도록 노력하라는 것이다.

이것은 소심한 사람이 그 한계를 극복하고, 수줍음을 타는 사람을 대담하게 만들기도 하는 훌륭한 법칙이다. 베티처럼 사람의 마음에 직접 호소함으로써, 스우처럼 상대방의 머리 위에서가 아니라 상대방의 수준에 맞도록 이야기함으로써 이것을 잘 혼합하는 방법을 익혀라. 남이 무엇에 관심을 가졌나를 찾아내라. 그리하여 스스로 잘 혼합하도록 하라는 것이다.

어제까지 당신은 텍사스의 소녀가 어떻게 '쏘다니는' 일을 발견했는가를 보았다. 당신의 주위를 돌아보라. 당신은 무엇이 되려고 하는가? 당신은 무엇에 흥미가 있는가? 회계 주임, 최상급의 세일즈맨, 세일즈 매니저, 의사 등의 직업인가? 당신은 결코 두려워하지 마라. 고민은 불행을 초래하고, 불행은 절망을 낳는 법이다.

'당신의 건강과 은행의 예금 문제로 고민하는 것보다 더 나쁜 일은 없다.' 라고 말한 이는 62세까지 왕성하게 토건업을 경영하고 있는 오하이오 주의 H. W. 포크너라는 사람이다. 그는 고민이 흰개미보다도 더 파괴적이라는 것을 알고 있다.

인생에서 당신이 설 땅은 당신의 주위 어딘가에 있을 것이다. 거기에 당신의 시선을 집중하라.

:: 당신의 행복은 상대방을 변화시킨다

행복한 가정생활을 영위하고 있는 사람은 좀처럼 내성적인 경우가 없다. 그들은 뒷전으로 물러나 있기에는 너무나 만족스럽고 행복하기 때문이다. 게다가 대체로 이런 사람들은 소심한 사람이 아니라 쾌활 명랑한 사람들이다.

아칸소 주 리틀록의 우드로우 시장은 그 지역에 있는 한 보험회사의 사장직도 겸할 정도로 평판이 좋았다. 그는 훌륭한 가정생활을 영위함으로써 젊은 시절의 내성적인 성격을 극복한 사람이다.

그가 불과 39세의 나이로 시장 자리에 오르게 된 것은 순전히 모범적인 가장으로서의 유명세 덕택이었다. 그 지역에 사는 사람 치고 그가 얼마나 가족들을 위해 성실하게 살아왔는지에 대해서 모르는 사람이 없을 정도였다.

우드로우는 주일마다 빠지지 않고 교회에 나갔다. 이유인즉 '크리스천으로 사는 것이 행복한 가정을 만드는' 일이라고 생각했기 때문이다. 그는 가급적 무슨 일을 할 때면 자녀들과 함께 하려고 노력했는데, 그 이유도 '같이 무엇인가'를 함으로써 가족 간의 일체감을 확인할 수 있기 때문이라는 것이다.

그리고 이 행복한 사나이는 자신을 닮고 싶어 하는 주위의 다른 사람에게도 영향을 주었다.

'만약 당신이 가정생활에 불만을 느낀다면 무엇을 하든지 성공

을 거두지 못할 것이다.'

훗날 자신의 성공을 행복한 가정생활 덕택으로 돌리며 그가 한 말이다. 그러므로 당신은 먼저 풍요하고 가치 있는 가정생활을 만들어야 한다. 남에게 말하기를 좋아하지 않고 교제가 서툰 당신의 습관을 극복하는 길은 가정에 의지하는 것뿐이다. 내성적인 성격을 극복하는 열쇠는 가정에 있다는 것을 기억하라.

:: 장애는 스스로 극복하는 길밖에 없다

육체적인 장애는 사실 당신이 다른 사람과 '조금 다르다.' 또는 '남들보다 나는 조금 더 불편하다.'는 것 외에 아무 의미도 없다. 물론 이러한 사실로 인해 다소 소심해질 수 있는 이유는 있겠지만, 만약 당신이 정말 원한다면 이와 같은 불행은 쉽게 극복할 수가 있는 것이다.

클레이 메리르는 시애틀에 있는 어느 전세 빌딩의 톱 세일즈맨인 동시에 낚시꾼이기도 하다. 두 가지 직업이 모두 끈기가 필요한 일이다. 그러나 이 활동적인 세일즈맨 겸 낚시꾼도 어릴 때 심한 언어장애를 앓았기 때문에 학교에서는 몹시 내성적인 소년이었다.

"선생님은 나를 바보로 생각하고 있었던 것 같습니다."

그는 다른 학생과의 교제를 꺼리거나 말하기를 싫어했던 이유를 그렇게 말했다.

그러던 중 어느 날 그는 자신의 언어 장애를 스스로 고쳐보기로 마음먹었던 것이다.

"나는 모든 것을 잊고 말을 잘할 수 있는 연습을 했습니다."

그는 이렇게 덧붙였다.

"나는 그 누구도 두 번 다시 내가 이야기하는 것을 듣고 웃는 일이 없도록 하려고 결심했습니다."

그는 언제나 큰 목소리로 책을 읽었다. 긴 시도 암송했다. 지금에 와서 그는 자신과의 싸움에서 승리한 위대한 성공자로서 우리에게 다음과 같은 충고를 하고 있다.

"훌륭하게 말하는 능력은 어떤 직업에도 소중한 일입니다. 더욱이 그것은 노력만 한다면 언제라도 익힐 수가 있는 것입니다."

당신의 행복을 전파하라

소심한 사람이 그 한계를 극복하고 대담해질 수 있는 **훌륭한 법칙** 중 하나는 그 사람의 마음에 직접 호소하는 것이다. 상대방의 머리 위에서가 아니라 상대방의 수준에 맞도록 이야기하라. 상대방이 무엇에 관심을 가졌나를 찾아내라.

자신감을 갖게 하는
열 가지 방법

누군가가 소심한 성격을 극복하는 가장 손쉽고 확실한 방법은 보다 많은 자신감을 갖는 것이라고 말한다면, 당신은 모욕당하는 기분이 들지도 모른다. 자신감이 없기 때문에 매사에 소심한 당신에게 그런 말을 한다는 것은 '당신은 구제 불능'이라고 말하는 것처럼 들릴 수 있기 때문이다.

단언하건대, 그 사람은 절대로 당신을 조롱하고 있는 것이 아니다. 그 자신감이라는 것은 남한테 빼앗긴 것이 아니라 스스로 잃어버렸기 때문에 얼마든지 도로 찾아올 수도 있는 것이다. 결국 모든 일이 당신 마음먹기에 달려 있다는 것을 어쩌면 당신 스스로도 알고 있을지 모른다. 자신감으로 당신의 소심성을 날려 버려라.

자신이 말하려는 주제에 대해서 잘 알고 있는 강연자는 당당한 걸음걸이로 연단에 오른다. 그리하여 자신에 찬 목소리로 말을 시작한다. 자신감이 그와 같은 당당한 태도를 취하도록 부추기는 것이다.

반면 철저히 사물을 규명할 능력이 없고 현재 당면한 문제에 대해서 충분히 준비를 하지 못한 사람은 자기에게 전혀 자신이 없다. 그런 심리 상태는 자연히 걸음걸이에서도 나타난다.

소심한 사람은 일반인처럼 걸을 수가 없다. 소심한 사람은 어쩐지 주저하면서 걷는다. 발밑에 깔린 보도블록이나 도로 사정을 못 믿겠다는 표정이다. 마치 얇은 얼음 위를 걷고 있는 것처럼 항상 불안하다. 그는 자기 자신이 불안하기 때문에 세상만사가 위협으로 느껴지는 것이다.

그렇다면 이제부터 제시하는 몇 가지 방법을 통해서 당신이 잃어버린 자신감을 되찾아보도록 하라.

첫 번째, '그럴듯한 자세'와 '자신감'을 혼동해서는 안 된다.

분위기 파악도 잘 못하면서도 일단 문제가 생기면 황소처럼 돌진하는 사람이 흔히 있다. 자신이 약하다는 것을 알면서도 처음 얼마간은 정신 못 차리고 덤벼드는 것이다. 그러나 그럴듯한 자세를 취할 수 있는 것도 잠시 동안이다. 그는 곧 자신의 능력에 한계가 있음을 깨닫고 꽁무니를 빼기 시작하는 것이다.

당신이 거기에 부합되는 능력을 가졌다면, 그럴듯한 자세를 취하는 것도 무방하다. 인형은 누군가가 그것을 망가뜨려서 안에

톱밥이 들어 있다는 것을 알게 될 때까지는 그럴듯하게 보이는 것이다.

자신감이란 자기에게는 톱밥 이상의 것이 들어 있다는 마음의 확신이다. 자신감을 돈으로 살 수는 없다. 스스로가 지녀야 하는 것이다. 당신은 먼저 스스로를 그럴듯하게 만들고, 그것을 확인해야 한다. 그런 후에 비로소 자신감 있는 자세가 취해지는 것이다.

두 번째, 자신에게 매력을 느껴야 한다.

먼저 자기가 훌륭하다는 것을 스스로에게 자랑하라. 만약 당신이 아직 자랑할 무엇인가를 갖고 있지 못하다면, 지금부터라도 노력하라.

당신은 폼만 재는 일로 언제까지나 사람을 속일 수는 없는 것이다. 고기 굽는 냄새는 손님을 끌어모을 수 있지만 그들이 사는 것은 음식 그 자체이다. 그러니까 당신이라는 음식을 맛있게 만들어야 한다. 그런 연후에 그 냄새를 어떻게 매력적으로 풍기느냐를 연구하라.

소심자는 세상에 제공할 아무것도 갖고 있지 못한데다가 자기 자신도 사실은 맹탕이라는 것을 스스로 인정하고 있는 사람들이다.

세 번째, 당신이 하고 있는 일의 내면과 외면을 두루 알도록 하라.

지식은 사람을 풍요롭게 만든다. 사물에 대한 정보를 많이 가질수록 남을 만나서 두려움을 느끼거나 부끄러워하는 경우가 줄어든다. 그 문제에 대해서 충분히 연구를 했다면 '권위'를 가지고 말할 수 있게 된다. 당신의 목소리는 좀 더 굵어지고, 당신의 머리는 위쪽을 향하게 되며, 당신의 걸음걸이는 더욱더 당당해질 것이다.

자신의 인생을 공부하라. 당신이 다른 사람에게 제공해야 할 것에 대해서 얼마만큼 알고 있는가? 최고의 자리를 목표로 하라. 아류에 만족해서는 안 된다 당신의 '지식'으로 다른 사람을 이기도록 하라. 일에 대해서 권위자에 속하는 사람이 되면, 이미 소심증 같은 건 없어진 뒤일 것이다.

네 번째, 정말 도움이 되는 경우라면 '허풍을 떠는' 것도 좋다.

그러나 그 시기가 중요하다. 예컨대 상황을 판단하기 위한 목적을 가지고 있다거나 시간을 벌기 위해서, 아니면 그럴 만한 목적이 있을 때에만 허세를 이용하라. 그렇게 함으로써 위기를 벗어날 수가 있다면, 조금은 허풍을 떨어도 무방하다.

그러나 허풍을 위한 허풍이라면 당신의 소심함을 연장시킬 따름이다. 마치 앓는 목에 붕대를 감는 것과 같은 것이다. 그렇다고 목이 나을 리가 없다. 아픈 목의 안쪽에 숨은 진짜 원인을 찾아내

라. 붕대는 일시적인 것에 지나지 않는다. 허풍도 그와 마찬가지이다.

다섯 번째, 주의 깊게 시기를 측정하라.

배우는 누구나 인기 관리에 적당한 시기와 그 가치를 알고 있다. 무대에 나올 때와 무대에서 사라질 때, 팬들에게 손을 흔들어 주기 위해서 멈출 때 등 극적인 상황을 연출하기 위한 테크닉을 알고 있는 것이다.

'적당한 시기에 적절하게 제출된 아이디어만큼 이 세상에서 강한 것은 없다.'

빅토르 위고의 말처럼 사실이 그렇다.

당신은 이야기해야 할 가장 적절한 순간에 이렇게 말한다.

'나는 개를 가두기보다는 이 지방에서 광견병이 유행하는 것을 방치해 둔 방역 책임자를 가둬야 한다고 생각합니다.'

당신은 그 발언으로 박수갈채를 받는다. 그러나 이것도 다른 날 다른 회합에서라면 전혀 위력을 발휘하지 못할 것이다. 상대방이 당신의 어깨를 두드려 주는 느낌을 받을 때마다 수줍음은 자신감으로 바뀐다.

여섯 번째, 당신 자신을 정리하라. 그리고 기다려라.

대개 병균들은 말끔한 것을 싫어한다. 파리도, 곤충도, 빈대도 그렇다. 깨끗한 곳에서는 해충이 살지 않는다.

당신의 질환은 절제가 없고 말을 잘 못하거나 동료들의 조소를 사는 것에서 생긴 것이다. 당신의 약점을 찾으려고 혈안이 되어 있는 주위의 적을 물리칠 만큼 당신 자신을 말끔하게 관리하라. 그리하여 적들의 조소를 날려 버려라.

만약 당신이 소심하다는 것을 알게 되면, 고약한 사람들은 당신을 곤란에 빠뜨리려고 할 것이다. 그렇게 함으로써 그들은 치졸한 우월감에 빠져들 수가 있기 때문이다.

말끔하게 당신 주변을 정리하라. 틈을 보이지 말라는 것이다. 의식의 무장을 단단히 하고 그들의 기대를 배반하라. 소심한 당신이 이번에는 정복자가 되는 것이다. 조직화된 지식은 당신의 숨겨진 힘이다. 이와 같은 힘의 감각이 수줍음을 날려 버릴 것이다.

일곱 번째, 조금은 열의가 있는 소심자가 되라.

필요하다면 소심자로 통하는 것도 나쁘지가 않다. 빈틈없는 사람으로 보이는 것보다는 그 편이 훨씬 나을 것이다.

당신의 일을 근본적으로 공부하라. 상사에게 사업상의 모르는 것을 물을 때는 수줍어해도 무방하다. 그러나 당신이 다른 사람보다 열의 있는 일꾼임을 상사가 인정해 주도록 하라.

공장에 가서 제품이 어떻게 만들어지는가를 살펴보라. 작업대의 직공들을 만나 보라. 열의 있게 움직이고, 당신의 그 열의를 남에게 보여 주라. 그리하여 당신의 정신에 대담성을 불어넣어 주는 방식으로 다른 사람의 협력을 기다리는 것이다. 대담함은 지식에서 나온다.

여덟 번째, 책에서 얻은 지식을 과신하지 마라.

조용하고 소극적인 사람은 자칫하면 책벌레가 되기 쉽다. 그들은 밤낮을 가리지 않고 책을 읽는다. 그리하여 많은 것을 알고 있지만, 아깝게도 그에 대한 확신이 없는 것이다.

그런데 어느 날 갑자기 그들은 자신이 대단한 존재라는 것을 '발견'한다. 그들은 자신이 책에서 얻은 지식을 남 앞에서 과시해 보고 싶다는 유혹에 사로잡힌다. 그 결과, 어느 날 눈을 떠 보니 자신이 책에서 얻은 지식의 덕택으로 친구를 잃고 말았다는 것을 알게 되는 것이다.

물론 당신의 의문점을 확인하기 위해서 책을 읽는 것은 당연한 일이다. 만약 그것을 내세워서 적을 만드는 일만 없다면, 결코 나쁜 일만은 아니다. 그러나 질투와 시샘은 후유증을 남긴다.

'자네 말은 틀렸어. 여기 그 증거가 있잖아.'

이렇게 말하기보다는,

'여기에 그 답이 있는 것 같으니 한 번 읽어 볼까?'

이렇게 말하는 편이 훨씬 부드럽지 않은가.

책에서 지식을 얻는 것은 꼭 필요한 일이다. 단, 그것을 너무 내세우지 말라는 것이다.

아홉 번째, 아는 척하지 마라.

잘난 척하고 말끝마다 자랑을 늘어놓는다는 것은 결코 현명한 일이 아니다. 아는 척한다는 것은 분명히 소심하다는 것과는 다르지만, 이런 사람은 어떤 상대를 만나든 호감을 사지 못한다.

매사에 간결하게 말하라. 당신이 발견한 것이든 기술적인 내용이든, 중학생도 알아들을 수 있는 분명한 말을 쓰라는 것이다. 당신의 목소리가 너무 높지는 않은지 주의하라. 말하는 방법에 유의하는 것은, 잘난 척하는 놈을 공격하기 위해서 기다리고 있는 사람들이 당신의 앞길에 파 놓은 함정을 벗어나는 데 도움이 될 것이다.

훌륭한 지식은 아는 척하지 않는다. 하더라도 그 진가를 충분히 발휘하는 법이다. 학자들이 써먹는 지식 따위는 친밀한 태도 뒤에 숨겨라.

열 번째, 상대방이 필요로 하는 것을 파악하라.

상대방의 마음을 알고 그 신뢰를 얻는 가장 빠른 방법은, 그가 필요로 하는 것에 내 마음을 주는 것이다. 그 사람은 무엇을 원하고 있는가? 그 회사가 안고 있는 문제는 무엇일까? 그 사람은 어떤 방법으로 돈을 벌고 있는가? 당신이 갖고 있는 무엇으로써, 혹은 당신의 충고로써 그에게 좀 더 많은 돈을 벌게 하는 방법은 무엇일까? 당신의 이웃 사람이 지닌 꿈, 그들의 필요에 귀 기울여라. 어떻게 하면 당신은 그들을 도울 수가 있을까? 당신을 파티에 초대한 그 사람은 당신에게 무엇을 바라고 있을까?

사람들은 이럴 때, '내가 필요로 하는 것에 대한 당신의 이해'에 감동할 수밖에 없을 것이다. 이제 그들의 신뢰가 당신의 수줍음을 씻어 줄 차례다.

지금까지 말한 열 가지 법칙을 이용하여 당신의 자아를 살찌게 하라. 그리하여 당신 스스로가 하찮은 번데기에서 주위 사람들의 탄성을 자아내는 멋진 나비로 변신하는 기쁨을 누려 보라는 것이다.

자아를 살찌게 하는 열 가지 법칙

첫 번째, '그럴듯한 자세'와 '자신감'을 혼동해서는 안 된다.

두 번째, 자신에게 매력을 느껴야 한다.

세 번째, 당신이 하고 있는 일의 내면과 외면을 두루 알도록 하라.

네 번째, 정말 도움이 되는 경우라면 '허풍을 떠는 것'도 좋다.

다섯 번째, 주의 깊게 시기를 측정하라.

여섯 번째, 당신 자신을 정리하라. 그리고 기다려라.

일곱 번째, 조금은 열의가 있는 소심자가 되라.

여덟 번째, 책에서 얻은 지식을 과신하지 마라.

아홉 번째, 아는 척하지 마라.

열 번째, 상대방이 필요로 하는 것을 파악하라.

당신 스스로가 하찮은 번데기에서 주위 사람들의 탄성을 자아내는 멋진 나비로 변신하는 기쁨을 누리게 된다.

2

소심함도 때로는

장점이 될 수 있다

처음부터
소극적인 사람은 없다

어느 날 갑자기 체중이 불어나는 사람들을 가끔 보게 된다. 그들 중 많은 사람들이 내성적인 성격을 가진 사람들인데, 중요한 것은 체중이 불어난 뒤 그것이 더욱 심해진다는 사실이다.

이렇게 말하면 당신은 재키 그린손과 같은 사람은 어떻게 살 수 있었겠느냐고 반문할 것이다. 그가 뚱뚱한 몸으로도 언제나 세상의 선두에 나서서 양팔을 휘젓고 다녔다는 것을 누구나 알고 있다. 그러나 이것은 잘못 짚은 것이다.

아마도 의사들은 뚱보가 결코 행복해질 수 없다는 의견을 뒷받침해 줄 것이다. 그들은 내성적인 성격을 숨기기 위해서 무리하게 만들어낸 농담이나 유머를 끝없이 되풀이하면서 자아를 꼭꼭 숨기고 살아가는 수줍음쟁이들이다. 그것은 열등감을 감추는 그들 나름대로의 방법이다. 그러나 열등감을 극복해 나간다면 머지않아 행복해질 수 있다는 것을 강조하고 싶다.

처음부터 비만에 시달리는 사람은 없다. 스스로의 관리가 되지 않을 때, 칼로리를 소모하지 않고 쌓아놓기만 했을 때 비만은 생기게 되는 것이다. 수줍음을 없애고 소극성을 극복할 때 우리는 새로운 계기를 마련할 수 있다.

:: 약점을 알면 유리하게 이용할 수 있다

자세히 살펴보면 내성적인 사람들이 오히려 다른 사람의 눈에는 뛰어난 활동가로 보이는 경우가 많다는 것을 알 수 있다. 물론 어떤 사람들은 이런 의견에 전적으로 동의하지 않을 수도 있다.

의사라든가 심리학자들로부터, 또는 어느 정도 상식을 가진 사람들로부터 큰 목소리와 요란한 옷차림은 수줍음을 타는 사람의 심리적 은폐 수단으로써 자주 이용되는 방법이라는 이야기를 가끔 듣게 된다.

마치 못생긴 여자가 자신의 결점을 감추기 위하여 장식이 가득 달린 모자를 쓰는 것과 마찬가지이다. 우리들이 어린 시절, 카우보이 복장이나 근사하게 보이는 인디언 추장 옷을 갖고 싶어 했던 것도 이 때문이다.

심리학자나 세일즈맨에게는 사람들의 호감을 얻기 위한 기본 원칙이 하나 있다. 그것은 약점을 숨기려고 하기보다는 자신을 위해서 도움이 되게 하라는 것이다.

세일즈맨으로 일하게 된 엘머는 거래처 안내 데스크에 앉아 있는 아가씨가 '엘머 씨!' 하고 불렀을 때 자신에 대해서는 아무런 경계심도 갖지 않는다는 사실을 느꼈다. 이것은 상대방의 수비가 완전히 허점을 나타내고 있을 때 강한 펀치를 내려칠 수 있는 절호의 기회였다.

엘머는 버그 빌이라든가 난디 앤드슨, 아니면 테크스 따위의 어마어마한 이름을 가진 사나이가 성큼성큼 사무실로 들어가면, 처음부터 몸을 도사리고 완전한 방어 상태로 들어가는 상대방을 싫증나도록 보아왔다. 허세가 물씬 풍기는 걸음걸이, 과장된 동작, '그럼 이제 슬슬 본론으로 들어갈까요?' 하고 말할 때의 위압적인 목소리는 고객들에게는 역효과를 주는 경우가 많았다.

고객의 입장에서는, 그렇게 대단한 사람인 것처럼 구는 '수완가'가 두려운 것이다. 그러나 상대가 친근한 이름의 세일즈맨이었다면, 그들은 과연 어떻게 나왔을까?

한 세일즈맨의 예를 들어 보자. 그 고객들은 엘머라는 세일즈맨의 이름을 듣는 순간 그에 대한 경계심을 완전히 풀었다. 엘머라는 이름은 형편없는 시골뜨기 아니면 제 밥그릇도 제대로 챙겨먹을 줄 모르는 바보 같은 인상을 주기에 충분했기 때문이다.

그 결과, 그가 얻을 수 있는 것은? 물론 그의 이름값의 몇 배나 되는 주문이었다.

그는 자신의 약점을 이용하기 시작했다. 한때 엘머는 〈로체스터 저널〉이라는 신문사에서 어떤 파트너와 함께 상인들에게 광고를 판매하는 일을 한 적이 있었다. 엘머의 파트너는 보청기를 끼고 있었다. 그도 엘머와 마찬가지로 내성적이며, 소극적인 성격이었다. 게다가 자신이 달고 있는 보청기가 단점이 되어 일을 방해하는 것은 아닌가 해서 언제나 겁을 먹고 있었다.

어느 날 엘머는 교묘한 책략을 생각해 냈다. 누군가가 '노.'라고 말했을 때에는 그 소리가 들리지 않는 척하라고 파트너에게 충고했다. 물론 고객이 '예스.'라고 대답했을 때 그의 보청기는 당연히 아무 문제가 없었다. 단점이 이렇게 자신에게 도움이 된다는 것을 알았을 때, 엘머의 파트너는 소심증 환자에서 적극적인 인간으로 변하기 시작했다.

여기에서 알 수 있듯이, 보청기를 끼고 있다는 것이 반드시 단점만 되는 것은 아니라는 사실이다. 어떤 사람은 단순히 보청기 하나만으로도 대중의 인기를 한 몸에 받는 경우도 있지 않은가.

일례로 가수인 로니 아레이의 경우를 보자. 그가 보청기를 끼고 무대에 나서면, 여성들이 정신을 못 차리고 졸도하는 경우까지 생긴다. 로니 아레이는 어린 시절 귀가 잘 들리지 않는다는 이유 때문에 내성적이고 몹시 수줍음을 타는 아이였다. 그런데 바로 자신의 약점이 여성들의 모성 본능을 자극하여 그가 무대에 오를 때마다 열광한다는 사실을 깨닫고, 그것을 적극적으로 활용했던 것이다.

이런 경우를 통해서 알 수 있듯이, 열등감을 벗어 던짐으로써 우리는 매우 중요한 것을 얻을 수 있다. 다음과 같은 원칙이다.

만약 자신의 단점을 올바르게 볼 수만 있다면, 그것을 자신에게 유리하게 이용할 수가 있다.

마음속으로는 '나는 다른 사람보다 못난 인간이 아닌가?' 하는 고민을 떨쳐 버리지 못하더라도 이 원리를 이용해 보라. 분명히 겉으로는 어느 정도 내성적인 성격을 버릴 수 있으리라 믿는다.

내성적인 사람이
오히려 뛰어난 활동가일 수 있다

당신이 만일 자신의 단점을 올바르게 볼 수만 있다면 당신은
그것을 자신에게 유리하게 이용할 수가 있다.

자신의 무기를
가져야 한다

　잠재의식이 왜 우리의 사고와 행동에 대단한 지배력을 가졌는가, 사람은 왜 내성적인 면을 가지고 있는가, 어떻게 하면 사람과 만나거나 이야기를 하는 경우에 수줍음을 극복할 수 있는가 하는 것 등에 관해서 닥치는 대로 책을 읽었다고 해서 모든 문제가 해결되는 것은 아니다.

　여러 가지 그럴듯한 이론에도 불구하고 여전히 내성적이고 소극적인 성격에서 벗어나지 못한다면 사회생활이 원활하게 이루어지지 않을 것이기 때문이다.

　다시 엘머의 이야기를 예로 들어 보자. 그는 어린 시절부터 책속에 파묻혀 살았지만, 소극적인 성격을 벗어나지 못했다. 나름대로 풍부한 이론을 갖춘 그였지만 여전히 내성적인 성격을 고치지 못하자 어느 날 모든 책을 내팽개쳐 버리고 일에 몰두하기 시작했다.

그의 첫 직업은 신문 기자였다. 노력파인 그는 얼마 후 그 직업의 본질을 터득했고, 광고를 얻는 일을 맡게 되었다. 첫 직장은 무엇보다도 먼저 사람을 만나야 하는 일이라는 점에서 그를 몹시 곤혹스럽게 만들었다. 사람을 만난다는 것, 응접실이라든가 호텔의 휴게실, 그리고 거리에서 직접 그들과 마주쳤을 때, 그는 죽는 것만큼이나 무서웠다고 했다.

엘머는 그 일을 통해서 훗날 어떤 사람을 만나든 수줍음을 극복할 수 있는 하나의 원리를 배우게 되었다. 그 원리란 바로 이것이었다.

'무엇인가 이야기할 만한 중요한 것을 지녀라.'

사실 이 말은 극히 평범한 내용에 불과하지만, 그에게는 마법과 같은 작용을 했다. 당시 그는 말이 많은 편이 아니었다. 그러므로 막상 그가 유창하게 이야기를 시작하자 사람들은 몹시 놀라는 반응을 보였다. '당신도 말을 할 줄 알다니!' 대개 그들의 표정에는 이런 놀라움이 씌어져 있었다.

엘머는 간단하게 사람들의 주의를 완전히 끌 수가 있었던 것이다. 사람들을 만나는 동안 줄곧 입을 놀리고 있었다면, 결코 이와 같은 주의를 끌 수는 없었을 것이다. 말이 많은 사람에게는 진지하고 정직한 청취자가 따르지 않는 법이다.

그것은 시끄러운 비행장 근처에 살고 있는 사람의 경우와 마찬가지이다. 비행기 소리가 아무리 요란해도 원래 그곳에 살던 사람들은 만성이 되어 비행기 소리 따위는 크게 들리지도 않는다. 그러나 깊은 산골에 살고 있는 사람은 어쩌다가 비행기가 나타나면 그때마다 집 밖으로 뛰쳐나온다. 그들은 비행기 소리에 익숙해지지 않았기 때문이다.

간혹 할 말은 많은데 막상 말을 하려고 하면 용기가 없어 쩔쩔매는 사람을 볼 수 있다. 그러다 더 이상 참을 수가 없어 자신도 모르게 열변을 토하게 되는 경우가 있는데, 그럴 때 듣는 사람의 반응은 한결같이 의외라는 표정을 짓게 된다. 때로는 놀라기까지 한다. 그리고 그의 말을 진지하게 듣게 되는 것이다. 그들이 귀를 기울여 들어 주었다는 사실이 이번에는 거꾸로 말하는 사람을 놀라게 한다.

이런 현상은 대개 소극적인 성격을 가진 사람들의 공통된 경험일 것 같다. 엘머가 소극적인 성격을 고치게 된 이 경험이 주는 가장 큰 교훈은, '뭐든 이야깃거리가 될 만한 것을 가지고 있어야 한다.'는 것이다.

평소에 자기 의견도 제대로 말하지 못해 쩔쩔매던 사람이 기껏 한다는 말이 '저, 그게 무슨 말씀이시죠?'라거나, 화제와는 관계도 없는 엉뚱한 이야기를 더듬거려 분위기를 썰렁하게 만든다면 자기 자신의 못난 점만 부각시킬 뿐이다.

바로 이것이 소극성을 극복하는 위대한 원리라는 것을 확실하게 깨닫기 바란다.

당신이 만약 엘머와 같은 성격이라면, 이런 말을 해 주고 싶다.

'당신이 참석하기로 되어 있는 모임의 요모조모를 잘 연구해 두시오.' 라고.

당신은 먼저 그 자리에 참석하는 사람들이 어떤 일에 관심을 가졌는가를 알아야 한다. 그들의 주의를 끌 만한 주제를 가지고 말할 새로운 계획을 세우라는 것이다. 만약 그들의 대화가 당신에게 생소한 주제라면 이야기가 당신이 좋아하는 주제로 옮겨질 때까지 기다리도록 하라. 그런 후에 당신이 하고 싶은 말을 하면 되는 것이다.

우리는 누구나 한 가지 일에 대해서만큼은 전문가라고 할 수 있는 것이 있다. 예를 들면, 빵을 굽는 방법, 텔레비전의 수리, 원예, 하다못해 포커 게임이라도 어느 한 가지 면에서는 당신도 노련한 전문가라는 것을 알고 있다.

만약 누군가가 디자이너에게 농구 선수에 관한 이야기로 주의를 끌려고 한다면, 십중팔구는 실패할 확률이 높다. 디자이너는 농구에 대해서는 문외한이니까. 그러나 판매술이라든가 인간관계 등의 주제를 샐러리맨과 논하는 자리라면 이야기는 아주 흥미롭게 진행될 것이다.

기억하라, 만약 당신이 내성적인 인간에서 대담한 인간으로 변하기를 원한다면 당신 자신의 무기를 갖고 있어야 한다. 당신 자신의 영역을 갖도록 하라! 이 법칙은 쥐를 사자로 바꾸는 방법이다. 당신 자신을 중요한 인물로 부각시켜라. 당신은 중요한 인물이므로 반드시 그렇게 되어야 한다고 생각하라.

:: 소극성을 극복하는 또 하나의 법칙

소극성과 수줍음은 대체로 같은 것이라고 할 수 있다. 이 두 가지 함정에서 벗어나기 위한 또 하나의 원칙을 여기에 제시하고자 한다.

당신이 간부 회의에 출석하게 되었다고 하자. 당신은 주로 자기 의견을 말하기보다는 오히려 남의 말을 듣고만 있는 부류에 속한다. 질문을 받지 않는 한 좀처럼 말을 하려고 들지 않는다. 당신은, 다른 사람들이 당신의 침묵을 '좀 덜떨어진' 것으로 매도하지나 않을까 하는 두려움을 갖고 있다. 실제로는 사람 앞에 나서지 못하는 수줍음 때문인데도…….

이런 오해를 뒤집기 위해서라도 당신은 이 회의에서 매우 중요한 의견을 말해야겠다는 계획을 세운다. 당신은 그 회의에 대해서 철저한 연구를 한다. 아이디어가 떠오른다. 그것을 검토해 본다. 그리고 그것을 간결한 말로 정리해 둔다. 그리하여 당신은 묵묵히 발언의 기회가 오기를 기다렸다가 소신껏 의견을 말한다.

만약 당신이 소극적인 성격이라면, 충분한 시간이 확보되지 않으면 이야기를 훌륭하게 해낼 수가 없을 것이다. 어쩌면 중요한 시기가 주어졌을 때도 그것을 지나쳐 버릴지도 모른다. 그러나 의견을 관철시키겠다는 굳은 결의만 있다면 당신은 이 기회를 놓치지 않을 것이다.

만약 그 이야기가 문제의 핵심이 되는 내용이었다면, 당신의 계획은 적중한 셈이다. 간부들 앞에서 체면이 섰을 뿐만 아니라 당신 자신, 당신의 인생에 대해서도 이보다 멋진 결과는 없을 것이다.

당신은 사람들이 자신의 의견에 귀 기울이고 있는 모습을 똑똑히 보게 되었다. 단지 동료가 하는 이야기라서 의무적으로 기울이는 그런 주의가 아니라, 당신을 향한 색다른 관심의 눈길을 보내게 된 것이다. 당신은 그것을 보고 기분이 좋아진 것만으로도, 앞으로는 발언할 때 예전의 반만큼도 곤란을 느끼지 않게 될 것이다.

:: 확실히 알고 있는 사실을 이야기하라

대화의 주제와 영역을 택함에 있어서 신중하게 고려해야 할 것은 먼저 당신이 자신 있게 말할 수 있는 것을 화제에 올려야 한다는 점이다. 잘 알지도 못하는 내용을 가지고 이야기를 하다 보면 차라리 침묵하고 있을 때보다 더 민망한 상황이 벌어지고 만다.

당신이 가장 잘 알고 있는 주제에 대해서 이야기할 경우에는 이런 위험이 전혀 없다. 반드시 사람들의 주의를 끌게 될 가치 있는 말을 하게 될 것이므로.

또 한 가지는 당신이 이야기를 하게 될 사람들의 지적 수준, 사고방식, 유형에다 주제를 맞추지 않으면 안 된다는 사실이다. 가령 '엔진이 필요없는 새로운 차가 판매된다는데요.' 하는 식의 이야기라면, 거의 모든 사람들에게 흥미를 끌게 하는 주제가 될 수 있다.

이것이 주의를 끌게 하는 요령이다. 당신은 이렇게 말할 수도 있을 것이다. '우리 집 뜰에서 뱀이 나왔지 뭡니까.' '나는 이번에 새로운 온천을 발견했습니다.' 등. 여기서 주의해야 할 것은 사람들을 놀라게 하는 것만이 목적인 서툰 말장난이나 해서는 안 된다는 것이다. 당신의 말을 뒷받침할 만한 사실이 있어야 한다.

엔진이 필요없는 새 차가 판매된다는 것도, 마당에서 뱀이 나왔다는 것도, 온천을 발견했다는 것도 모두 사실이어야 한다. 그런데 다른 사람들의 주의를 끌게 하는 이런 재료들을 어떻게 발견하고, 또한 그것을 어떻게 이용할 것인가 하는 것도 중요한 문제가 아닐 수 없다.

그러자면 평소 당신의 관찰 영역을 좀 더 넓힐 필요가 있다. 사람과 사물에 대한 폭넓은 관찰로 대화의 주도권을 확보하라. 일단 당신이 극적인 효과가 있는 내용을 입에 담는다면, 당신은 그것으로 발언권을 쥐게 되는 것이다.

다른 사람들의 인간적인 관심을 끌 수 있는 내용도 이럴 때 훌륭한 재료가 된다. 즉 당신 자신의 주제를 가지라는 것이다. 다음에는 그것을 말하게 될 적절한 순간을 찾도록 하라. 그리하여 그것을 상대방에게 밀어붙이도록 하라. 당신의 내성적인 성격을 극복하는 데 성공할 수 있는 원리는 바로 이것이다.

다음의 원칙을 잘 기억해 두기 바란다.

'당신 자신의 무기와 당신 자신의 영역을 갖도록 하라!'

수줍음을 없애는 원리

다른 사람들의 인간적인 관심을 끌 수 있는 내용은 대화의 훌륭한 재료가 된다. 당신 자신의 주제를 가지라는 것이다. 다음에는 그것을 말하게 될 적절한 순간을 찾도록 하라. 그 다음에 상대방에게 밀어붙이도록 하라. 당신의 내성적인 성격을 극복하는 데 성공할 수 있는 원리는 바로 이것이다.

발상을 전환하면
결점도 장점이 된다

　과거에는 열등감을 주기에 충분했던 상황이 오늘날에 와서는 오히려 긍정적인 인식을 심어 주는 경우를 가끔 보게 된다.

　일례로 한때는 위궤양이 위가 약하다는 증거로 인식됐기 때문에 위궤양에 걸린 사람은 그것을 핸디캡으로 여기기도 했다. 그러나 오늘날에 와서 위궤양이라는 것은 큰 회사의 간부들처럼 바빠서 식사도 제대로 못 하는 이른바 '잘나가는' 부류의 특권인 것처럼 생각되고 있다.

　또 한때는 심장이 약하다는 사실이 건강의 적신호처럼 생각되어 당사자는 물론 주변 사람들도 불안하게 만들곤 했다. 그러나 오늘날에 와서는 당사자들도 자신의 병을 거북하게 생각하지 않는다.

　"나는 심장이 약하다는 것 때문에 오히려 진지한 생활 태도를 갖게 되었습니다. 그 덕분에 살아가고 있다는 것을 정말 실감하니까요."

이렇게 예사로 말하는 사람들도 있다. 이처럼 한쪽 면을 보면 부정적으로 보이는 것도 다른 한쪽 면을 보면 꼭 그렇지만도 않은 경우가 있다.

당신이 만약 지나치게 수줍어하는 성격이라면 그것을 반드시 고쳐야 할 질병쯤으로 생각할 필요까진 없다. 그런 강박 관념이 오히려 내성적인 성격을 부추겨 좀처럼 사람들 앞에 나서길 꺼리게 만들기 때문이다.

간혹 평소엔 몹시 수줍어하던 사람도 누군가가 자신을 주목하거나 자신의 말을 경청한다든가 자기가 잘 터득하고 있는 것을 질문하거나 의견을 묻게 되면 흡사 마술에라도 걸린 듯이 활발해지는 모습을 볼 수 있다. 그는 갑자기 기운을 얻어 열등감 따위는 잊어버린 듯 얼굴을 환하게 밝히는 것이다.

그렇다면 수줍어하는 성격은 최소한 인위적인 조정이 가능하다는 뜻도 될 수 있을 것이다. 선천적인 성격을 바꿀 수는 없어도 그 태도를 바꿀 수는 있기 때문이다.

이제부터 그런 당신을 돕기 위한 행동 교정법을 제안해 보기로 하겠다.

〈첫 번째 방법〉

상대방의 기분을 좋게 하라. 이것은 매우 중요하고 유익한 방법이다.

당신이 먼저 상대방의 기분이 좋도록 하기 위하여 무엇인가를 하라는 뜻이다. 상대방을 기분 좋게 함으로써 당신은 대인 관계에 대한 공포심을 극복할 수 있는 힘과 용기를 얻게 될 것이다. 상대방이 당신과 함께 있는 것에 만족을 느낀다면, 그 사람도 당신의 마음에 드는 행동을 해서 자기만족에 대한 답례를 하는 법이다.

행복은 행복을 낳는다. 설사 말을 더듬거리는 일이 있더라도 상대방의 환심을 사도록 말해 보라. 아부도 적당히 할 줄 알면 약이 된다. 강요된 칭찬이나 작위적인 행동이 아닌 친절한 마음가짐으로 상대를 고양시키는 것은 선의의 거짓말이 될 수 있다. 상대방은 비록 그것이 사실과 다른 것을 알고 있어도 당신의 선의를 느낄 수 있다면, 고마운 마음을 갖게 될 것이다.

진실이나 선의가 담겨 있지 않은 적당한 말 대접으로는 사람의 마음을 사로잡을 수가 없다. 말뿐인 인사치레는 상대방의 청각에 닿게 될지 모르지만 상대방의 마음에까지 도달하지는 않는다는 것을 당신도 알게 될 것이다. 그것은 뜬구름처럼 도중에서 사라져 버리는 법이니까.

오늘 이 시간부터라도 누군가를 만나거든 상대방이 좋아할 수 있는 말을 가급적 신속하게 많이 해 주도록 하라. 그는 오늘 왠지 기분이 좋아 보이는 것 같다, 그녀는 새로 산 옷을 입었기 때문에 누군가의 칭찬을 받기를 원하는 것 같다, 그는 새 차를 자랑하고 싶어 하는 것 같다 등등……. 상대방의 기분을 요령껏 파악해서 상황에 맞게 칭찬하거나 위로하라.

내 앞으로 다가오는 남자나 여자에 대해서 무엇이든 좋은 이야기가 떠오른다면, 그 사람에게 다가서서 그 사실을 말해 주도록 하라. 간결하고 솔직하게 꾸밈없이 말해 주어야 한다. 자연스럽고 부드럽게 다가서서 생각한 대로 말하면 된다.

당신의 말 한 마디로 인해 상대방은 기분이 우쭐해지고, 그것으로 당신은 마치 그 사람이 당신을 감싸 주듯이 마음속의 수줍음이 사라지는 것을 느낄 것이다.

상냥한 말은 내성적인 사람이 자신을 표현할 수 있는 최상의 묘약이다. 당신에게는 당신의 자아를 확대시키고 기분을 좋게 하기 위한 사교적인 만남이 필요하다. 그리고 그런 만남을 주선하게 되는 최선의 방법은 당신이 먼저 상대방에게 기분 좋게 말을 건네는 일이다.

〈두 번째 방법〉

상대방에게 희망을 주어라.

당신은 내성적이다. 그러므로 사람을 두려워하는 것은 당연한 일이다. 당신은 그들이 당신보다 뛰어나다고 생각하기 때문에 사람을 두려워하게 된다. 또한 당신이 사람을 두려워하는 것은 그들이 당신을 무시한다든가, 바보 취급하지 않을까 하는 지레짐작을 하기 때문이다.

앞에서 말한 상대방을 기분 좋게 하는 방법은 사교적으로는 효과가 충분하지만, 사실 비즈니스 세계에서 수줍음을 극복하기 위한 최선의 방법은 두 번째 방법인 상대방에게 희망을 가지게 하라는 것이다.

인간이란 희망을 갖기를 바라는 존재라고 믿는다. 아무리 극한 상황도 그것이 곧 끝나게 되리라는 희망이 있다면, 농민들은 가뭄이든 홍수든 모든 것을 참고 견디리라. 농민에게 가뭄을 견디게 하는 것도 희망이며, 홍수를 견디게 하는 것도 희망이다.

세일즈맨은 누구라도 '상대방에게 희망을 가지게 하는' 심리학을 터득하고 있다. 지목된 고객에게 보험을 가입시키는 것은 '미래의 희망'을 제시함으로써 가능하다. 방문 판매자들이 화장품이나 건강식품을 팔 수 있는 것도 상대방에게 희망을 가지게 했기 때문이다.

상대방에게 희망을 가지게 한다면, 상대방은 당신으로부터 위로받는 듯한 기분이 될 것이다. 그들은 당신에게 관심을 가지게 되고, 당신을 좀 더 자주 만나고 싶어 할 것이다. 당신은 그를 항상 기쁘게 하는 '희망의 전령'이니까.

언젠가 텍사스 주의 사무관으로 있는 월터 마케라는 사람이 농민이나 목장주에게 영농 자금을 대부하면서 '희망을 갖게 하는' 이 원리를 이용한 적이 있다. 그들의 문제가 결코 언제까지나 계속되지는 않을 것이란 희망을 갖도록 함으로써 자신감을 불어넣어 준 것이다.

아무리 어려운 처지에서도 희망이 있다는 것을 말해 주기 위해서 그는 자신의 이미지를 팔았다. 그는 성실하고 정직하다. 상대방에게 참된 것을 말한다. 그가 말하는 것은 항상 옳았기 때문에 사람들은 믿음을 가지고 그를 따른다. 그리하여 월터는 점점 존경받는 인물이 되었고, 주민들은 누구나 그의 친구가 되고 싶어 했다.

당신의 주위에 있는 사람들, 특히 곤란을 겪고 있는 사람들에게 희망을 주는 사람이 될 수 있도록 노력하라. 비즈니스 세계에서는 당신이 만나는 모든 사람들에게 당신이 제공하는 것에 희망을 갖도록 해야 한다.

그러면 그들은 당신이 그들에게 베풀어 준 희망의 일정 부분을 되돌려 줄 것이다. 그리고 당신은 날마다 사람들과 대화를 나눠야

하기 때문에 언제부턴가 소극적이고 수줍어할 여유가 거의 없어
졌다는 사실을 깨닫게 될 것이다.

:: 끝까지 청취하라

당신은 당신의 반려자, 친구, 형제, 동료 등이 좀처럼 남과 어울
리지 못하는 버릇을 극복하는 것을 도울 수도 있다. 그들이 방으
로 들어오거나 남들과 대화를 나눌 때, 겁에 질린 듯한 행동을 하
는 버릇 말이다. 당신은 당신의 반려자를 좀 더 존중해 주는 태도
를 취함으로써 그를 적극적인 성격이 되도록 도울 수가 있다.

"당신의 생각을 말해 주겠어요?"

하고 묻는 것은 간단하지만 세상에서 가장 위대한 말이다. 이것은
상대방의 자아를 살찌게 하고, 마음을 크게 갖게 하는 데 대단한
도움이 된다. 그리고 상대방이 의견을 말하는 동안은 아무리 하찮
은 내용이라도 진지하게 들어 줄 수 있는 청취자가 되어야 한다.

상대방에게 말을 시켜라. 할 말을 끝까지 할 수 있도록 기다려라.

여기서 경고해 둘 말이 하나 있다. 지금 상대방은 몹시 수줍어
하고 있다. 이런 사람이 말을 할 경우에는 도중에서 절대 참견을
해서는 안 된다. 내성적인 사람은 자신의 이야기 도중에 상대방이
끼어들면 말을 중단하고 반응을 살피게 마련이다. 끼어드는 대신
자꾸 맞장구를 치는 것이다. 상대방이 말하는 동안에도 미소를 잃

지 마라. 한 마디도 놓치지 않고 듣고 있다는 것을 상대방이 알게 하라. 다음 말을 계속할 수 있도록 용기를 자극하라.

내성적인 성격을 가진 사람이 말하고 있을 때 중도에서 참견한 다면, 사고의 흐름을 막아 버리는 결과를 초래한다. 심한 경우에 는, 그로 인해 수줍음을 극복하고자 하는 상대방의 결심도 위축되 어 버릴 위험이 있다. 진정으로 그를 돕고 싶다면, 의견을 끝까지 청취하라. 상대방이 당신 앞에서 생기를 되찾고, 적어도 누군가가 자신을 주목하고 있다는 긍지를 느끼며 행복해 하는 모습을 지켜 보도록 하라.

소극적인 사람의 속마음은 상대방이 자신에게 주목해 주기를 바라는 것이다. 그들은 파티의 중심인물이 되고 싶어 하지만, 한 편으로는 비웃음이나 사지 않을까 두려워하고 있다. 이럴 때 그들 의 의견을 중단시키는 것은 그를 경멸하거나 비웃고 있다는 뜻으 로 해석될 수 있는 위험이 있다.

웅변가로 자처하는 사람들, 특히 세일즈맨, 법률가, 정치가 등은 어쨌든 무대를 독점하려고 하는 경향이 있다. 그들은 청중을 열광 시키기를 좋아한다. 만약 당신이 내성적인 사람과 이야기를 나누 게 된다면, 말하고 싶은 욕망을 억제하고 상대방을 변호사나 정치 가 대하듯 배려하라. 말하고 싶다는 생각으로 가득 차서 청중을 열광시키고자 하는 정치가가 앞에 있는 듯이 행동하라는 것이다.

내성적인 사람에겐 당신의 침묵이 위대한 강장제 역할을 한다. 당신의 침묵은 상대방의 침묵을 무너뜨릴 수가 있는 것이다.

:: 침묵하는 동안 당신은 무엇을 배우는가

한때 멕시코에서는 미국에서 온 모로우라는 민간 대사가 어떻게 그곳 대통령인 카르스를 설득할 수 있었는지에 대한 에피소드가 화제가 된 적이 있었다.

지금도 많은 멕시코 사람들은 외국인, 특히 말 많은 미국인 앞에서는 몹시 수줍어하는 편이다. 미국인은 말하기를 좋아한다. 미국인은 대화를 독차지하며 자랑을 일삼는다는 생각이 멕시코 사람들의 마음속에 있었기 때문에, 미국인에 대한 경계심이 크게 작용하기도 했다.

그러나 모로우는 어떻게 하면 카르스를 설득할 수 있는가를 알고 있었다. 그는 미국의 대통령이 양국 간의 몇 가지 의견 차이를 조정하기 위하여 '민간 대사'로서 멕시코에 파견한 인물이었다. 카르스는 이 사실을 알고 있었다. 또한 미국 측이 어떻게 나올 것인가에 대해서 잔뜩 긴장하고 있었다.

모로우는 말을 하지 않았다. 그는 카르스 대통령에게 처음부터 발언권을 양보했다. 계속해서 그는 어떻게 하면 양국 간의 흡족한 이해에 도달할 수 있는가에 관해 카르스의 의견을 물었다. 카르스는 이 심리 전술에 말려든 것이다. 멕시코 사람 특유의 수줍음은 어느새 사라져 버렸다. 그리하여 회담은 양국 간의 두터운 친선을 다짐하며 끝났다. 모로우는 흔쾌히 본국으로 돌아갔고, 카르스는 기분이 좋았다. 그는 모로우의 이야기에서가 아닌, 그의 경청 태도에서 희망을 얻었다.

텔레비전이나 라디오, 수많은 책이나 게임, 레저의 홍수 속에 살아가고 있는 현대인들은 대화의 기술을 잊어버린 지 이미 오래다. 서로 이야기를 나누거나 흥미 있는 주제에 대해서 토론을 하던 때는 이미 지나가 버리고, 사람들은 대화 대신에 텔레비전의 축구 경기에 넋을 빼앗기고 있다.

그러나 그 기술이 오늘날이라고 해서 아주 없어진 것은 아니다. 우리는 듣는 것, 침묵하는 것에 의해서 대화 단절의 장벽을 극복할 수가 있는 것이다. 우리는 그들의 의견을 요구함으로써 상대방을 좋은 대화의 친구로 유도해 갈 수가 있다.

어떤 부인이든 남자의 입을 열게 하는 간단한 말이 있다.

"그래서 어떻게 되었죠?"

이 한 마디로 그녀는 남자로 하여금 처음부터 끝까지 남김없이 이야기를 털어놓을 수밖에 없게 만든다.

앨버트 글레이는 지난날 이런 말을 한 적이 있다.

"사람들은 너무 수다스럽게 지껄인다."

어쩌면 서로 자기 말만 앞세우려는 요즘 같은 시대에 적절한 평인지도 모르겠다. 현대라는 '자기선전'의 시대에 사람이 가질 수 있는 최대의 단점은 상대방의 이야기를 들으려고 하지 않는 태도라고 할 수 있다.

'자기선전'이라는 것은 상품이나 아이디어, 서비스 등을 파는 것이 아니라 당신 자신을 상대방에게 파는 것을 말한다. 현대는 '자기를 선전하는' 시대이다. 만약, 당신이 내성적이면서 거의 말을 하지 않는 타입이라면, 어떻게 자신을 남에게 선전할 수가 있단 말인가?

상냥한 말로 먼저 인사를 건네라

상냥한 말은 내성적인 사람이 자신을 표현할 수 있는 최상의 묘약이다. 당신에게는 당신의 자아를 확대시키고 기분을 좋게 하기 위한 사교적인 만남이 필요하다. 그리고 그런 만남을 주선하게 되는 최선의 방법은 당신이 먼저 상대방에게 기분 좋게 말을 건네는 일이다.

누구 앞에서나
태연히 말할 수 있어야 한다

"낯선 사람과 만날 생각을 하니 정말 미칠 것 같아."

이것은 내성적인 소녀가 친구들에게 살며시 고백하는 말이다.

대인기피증 때문에 곤란을 겪고 있는 세일즈맨도 많다. 회사 안에서는 거만하게 굴던 사장도 회식 때나 여러 사람 앞에 나서야할 경우에는 말 한 마디 제대로 하지 못한다. 누가 노래라도 시키면 할 수 없이 일어서긴 했으나 도로 주저앉거나 불쌍할 정도로 쩔쩔매기 시작한다. 더듬거리거나 우물쭈물하다가 끝내는 땀투성이가 되어 버리는 것이다.

그러나 이런 대인기피증은 불치병이 아니다. 전 세계적으로 125개나 되는 세일즈맨 훈련 학교에서 날마다 그것을 치료하고 있다. 그곳에서는 판매 훈련의 한 과정으로 여러 사람 앞에서 이야기하는 법과 공포심을 극복하는 법을 가르치고 있다.

사실 남 앞에서 이야기를 하는 것에 공포심을 갖지 않는 사람은 극소수에 불과하다. 유명한 미식축구 코치인 리히는 코치를 그만 두지 않는다면 생명이 단축될 것이라는 강박 관념 때문에 결국 은퇴를 선언하고 말았다. 클리브랜드 인디언스의 감독이었던 알로프스는 자신이 위궤양을 앓고 있다는 과대망상으로 야구 시즌 중에도 충분한 식사를 못할 때가 가끔 있었다. 이 모든 것은 남의 앞에 서지 못한다는 신경과민의 결과였다. 활동적이고 대담한 사람에게는 결코 대인기피증 따위는 일어나지 않는다.

다음의 몇 가지 원칙을 이용함으로써 우리는 누구나 이것을 극복할 수가 있다.

첫째, 남 앞에 나서지 못한다는 사실을 솔직히 인정하라.

인간은 낯선 사람을 만날 때나 대중 앞에서 무엇인가를 말하려고 일어섰을 때, 대체로 흥분하게 마련이다. 가슴이 두근거리는 것은 누구에게나 매우 자연스러운 일이다. 당신을 신경과민으로 만드는 것은 당신이 '이래서는 곤란한데……' 하는 두려움을 지녔기 때문이다. 누구라도 사람을 만나면 조금은 신경이 곤두서는 것은 당연한 일이라고 깨닫게 된다면, 그것을 되새기고 망설이는 일은 없어질 것이다.

둘째, 연설을 하려면 충분한 만반의 준비를 해 두어라.

당신이 정말 당황해서 진땀을 흘리게 되는 것은 당신이 잘 알지 못하는 문제에 부딪쳤을 때이다. 그 치료법은, 그 문제에 대해서 청중보다도 많이 알고 있어야 한다는 것이다. 자신이 충분히 알고 있다고 생각하면, 심리적으로 편안한 상태가 되므로 결코 당황할 이유가 없다.

셋째, 공포심을 갖지 말고 청중을 대하라.

충분히 준비할 만한 시간이 없이 갑자기 지명을 받아 청중 앞에 나서지 않을 수가 없게 되었다. 그러나 당신이 겁에 질려 있다는 사실을 누가 알고 있단 말인가? 알고 있는 것은 오직 당신뿐이다. 그러니까 웃도록 하라. 공포에 정면으로 얼굴을 대하고 그 도전을 받도록 하라. 발표 내용이 부실하더라도 구차하게 변명을 하지 말고 조용히 자리에 돌아와 앉으면 그만이다. 그 차이점은 그 누구도 모를 것이다.

넷째, 청중을 속이거나 위협해서는 안 된다.

적당하지 못한 재료를 늘어놓고 청중을 속이거나, 어설픈 쇼맨십을 발휘하기보다는 일어서서 '충분한 준비를 해오지 못했습니다.' 라고 솔직하게 털어놓는 편이 훨씬 낫다. 듣는 사람은 내성적인 사람을 결코 나쁘게는 생각하지 않는 법이다. 그들은 당신의 수줍음을 용서해 줄 것이다. 그러나 그들은 속에 든 것도 없이 아는 척만 하는 허풍쟁이는 결코 용서하지 않을 것이다.

:: 어떻게 남 앞에 서지 못하는 버릇을 고치는가

메인 주에 사는 드로시 워싱턴 부인은 매우 곤란한 처지에서 일자리를 찾고 있었다. 그러나 사람을 만나면 수줍어하는 그 내성적인 성격 때문에 좀처럼 일자리가 나서질 않았다.

'내성적인 사람은 곧잘 나무를 깎거나 연필로 장난삼아 낙서를 하며 하루를 보낸다.'

어느 날 잡지에서 읽은 이 한 줄의 글귀가 워싱턴 부인에게 어떤 아이디어를 주었다. 그녀는 목각을 시작했다. 그녀는 세일즈맨으로서 사람을 만날 때마다 그 내성적인 성격을 이용했다. 그리하여 자신이 만든 목각을 통하여 친구를 사귀었다. 그녀는 이야기할 능력이 부족하다는 것을 이용하여 세상에 나선 것이다. 당신도 알다시피 열려진 마음은 성공의 문도 열어 주는 것이다.

2년 전에 위스콘신 주의 리차드 에드먼과 마리 에드먼은 어떻게 해서든 돈을 모으려고 결심했다. 그들은 세일즈맨에게서 흔히 볼 수 있는 호감이 가는 인상을 갖지 못했다. 그래서 그들은 세일즈 대신 양복을 수선하는 일을 시작하기로 했다.

그들은 당시 통신 판매로 이 일을 하고 있는 사람이 없다는 것을 알았다. 통신 판매라면 구태여 말을 잘할 필요가 없었다. 먼저 편지를 쓰고, 다음으로는 솜씨가 좋다는 걸 증명할 수 있으면 그만이었다. 몇 년의 세월이 흐르는 동안 그들은 이 양복 수선의 사업을 크게 번창시켰다. 성공을 거둔 비결에 대해서 두 사람은 이렇게 말했다.

"만약 어떤 의복이 개조할 가치가 없는 것이라면, 우리는 솔직하게 그렇게 말하지요. 손님들은 그것 때문에 오히려 우리를 신용해 줍니다."

대화를 나누거나 초면의 사람을 만나는 능력이 부족한 대신, 그들은 정직을 대용으로 한 것이다. 결국 그들은 패배를 승리로 전환시켰다. 창조적인 정신은, 훌륭한 근육이라든가 청중을 매혹시키는 능력보다도 훨씬 가치 있는 것이다.

이와 같은 사람들에게 성공이 약속되는 것은 결코 우연한 일이 아니다. 그들은 어쩌다 성공을 거둔 것이 아니다. 그들은 그렇게 되도록 자신을 연구한 것이다.

:: 내성적인 사람의 성공 비결

미주리 주 센트루이스의 단 삭크스는 우수한 학생이기는 했으나 내성적인 성격이었다. 그러나 그는 미래에 대한 어떤 야심을 갖고 있었다. 그는 장차 많은 사람을 만날 필요가 없는 번역 서비스의 사업을 할 계획을 갖고 있었다.

그래서 시의 상공회의소에서 조사해 본 결과, 이 일에는 거의 경쟁자가 없다는 사실을 알게 되었다. 그는 좋은 번역사를 고용하여 일을 시작했다. 그중에는 5개 국어를 다룰 수 있는 능력이 있는 사람도 있었다.

그는 현재 25명의 번역사를 데리고 있다. 아직도 20대 초반의 젊은 나이인데도 말이다! 그가 다른 사람과 접촉하는 것은 기껏 전화를 받을 때뿐이다. 그는 빙그레 웃으면서 이렇게 덧붙였다.

"이 전화가 몇 대로 늘어나는 날도 그렇게 멀지 않았습니다."

그는 사업을 위해 사람을 방문하는 재능은 갖지 못했으나, 선천적인 소심성을 돈이 열리는 나무로 바꾸어 놓은 것이다. 《세일즈로 돈을 버는 법》이라는 베스트셀러를 쓴 빈센트 F. 설리번은 '내성적인 성격의 소유자가 성공을 거두기 위한 몇 가지 법칙'을 이렇게 말하고 있다.

첫째, 결심이다. 당신은 자신이 무엇을 얻고자 하는가를 알아야 한다.

둘째, 남의 엉덩이만 쫓아다니며 만족해하는 사람을 연구할 것이 아니라, 남의 지도자가 되어 있는 사람을 연구해 볼 일이다.

셋째, 실패를 두려워해서는 안 된다. 실패에 관해서 생각하지 말고, 당신이 달성시키려고 하는 것에 대해서 생각하는 습관을 기르도록 하라.

넷째, 인간을 연구하라. 그리하여 그들이 느꼈거나 생각했던 것들을 검토하는 자세를 익혀라.

다섯째, 남과 협동해 가는 방법과 즉각 그들의 신뢰를 얻는 방법을 배우도록 하라.

여섯째, 당신이 하는 말에는 무엇이나 귀를 기울일 만한 가치가 있으므로 사람을 직접 만났을 경우에도 대화상의 기교를 지니도록 하라.

일곱째, 상대방이 한 사람일 경우와 여러 사람일 경우에 대비하여 사람을 다루는 요령을 익혀라.

여덟째, 될 수 있는 대로 성공에 관한 책을 많이 읽도록 하라. 열심히 일하고 성실성과 열의를 가져라.

아마도 그는 이 방법을 제일 먼저 실행했을 것이다. 연봉 3만 달러라는 고소득이 그 사실을 뒷받침해 주고 있는 것은 아닐까?

대인 기피증을 가볍게 버리는 방법

첫째, 남 앞에 나서지 못한다는 사실을 솔직히 인정하라. 누구라도 사람을 만나면 조금은 신경이 곤두서는 것은 당연한 것임을 깨닫게 된다면, 그것을 되새기고 망설이는 일이 없어질 것이다.

둘째, 연설을 하려면 충분한 만반의 준비를 해두어라. 자신이 충분히 알고 있다고 생각하면, 심리적으로 편안한 상태가 되므로 결코 당황할 이유가 없다.

셋째, 공포심을 갖지 말고 청중을 대하라. 당신이 겁에 질려 있다는 사실을 누가 알고 있단 말인가? 알고 있는 것은 오직 당신뿐이다.

넷째, 청중을 속이거나 위협해서는 안 된다. 듣는 사람은 내성적인 사람을 결코 나쁘게는 생각지 않는다. 그러나 속에 든 것도 없이 아는 척만 하는 허풍쟁이는 결코 용서치 않을 것이다.

성격을 고치려거든
여행을 시작하라

　당신은 설마 당신의 가족들 앞에서도 수줍어하는 사람은 아닐 것이다. 수줍음을 잘 타는 사람도 자신의 성격을 잘 알고 있는 클럽이나 매일 출근하는 사무실 등에서는 사람과의 접촉을 그다지 불편하게 여기지 않는 법이다.

　그런데 일단 많은 사람들 앞에 나선다든가 낯선 곳으로 여행을 떠나게 되면, 이 수줍음이 그를 괴롭히기 시작하는 것이다. 그러나 수줍음에 대한 두려움 때문에 청중 앞에 나서기를 포기하고 여행을 포기한다면, 당신은 영원히 그것에서 벗어날 수 없을지도 모른다. 또한 여행을 해야 할 일이 있을 때마다 친한 누군가를 반드시 데리고 가야 하든가, 계획 자체를 무산시켜야 할 것이다.

　무엇이든 시작이 가장 힘든 법이다. 집이나 직장에서 그리 멀지 않은 곳에서부터 시작하여 여행을 떠나 보라. 새로운 사람과의 접촉을 시도하며, 차츰 그 영역을 확대해 감에 따라 자연스럽게 소극성을 벗어 던지게 될 것이다.

몇 년 전에 윌리는 《멕시코에서 즐겁게 보내는 법》이라는 소책자를 쓴 일이 있다. 이 책은 여러 가지 여행지에서 있을 법한 상황을 이해함으로써, 멕시코에서 즐겁게 지낼 수 있는 방법을 알리는 아이디어를 수록한 것이다. 이 소책자에서 여행을 최대한 즐길 수 있는 방법에 대해 쓴 몇 가지를 소개하자면 다음과 같다.

:: 즐거운 여행의 세 가지 규칙

첫째, 양보한 후에 받는 방법을 익히도록 하라.

모든 사람이 동시에 배가 고파지는 것은 아니다. 여러 사람이 동시에 물건을 사고 싶어 하거나 피라미드를 구경하고 나이트클럽에 가고 싶어 하는 것도 결코 아니다. 그러므로 여행지에서는 항상 '양보한 후에 받는' 방법을 익히도록 하라는 것이다.

'나는 지금 당장 식사를 하고 싶다고요…….' 따위로 자기주장을 하는 사람은 여행이 끝날 무렵에는 거의 외톨이 신세가 될 게 뻔하다. 항상 따로 행동하는 내성적인 성격의 소유자도 동행인으로서는 바람직하지 않다. 설사 당신이 토산품 따위를 좋아하지 않는다 하더라도 단체 생활인 이상 꼭 참고 동행해 주어라. 스포츠맨십을 발휘하라는 것이다. 그런 다음에는 당신이 훌라춤을 보러 가고 싶다거나 박물관 견학을 원할 때도 상대방은 당신과 함께 가줄 것이다.

둘째, 쓸데없는 일로 튀지 말고 경험을 즐겨라.

관광은 어디까지나 자기 본위의 여행이 되어서는 안 된다. 당신은 너무 튀는 행동으로 주변 사람을 눈살 찌푸리게 하지 않도록 주의하라. 여행지에선 식사도 자신의 집에서 먹는 것과는 다를 수밖에 없다. 약속과는 달리 방도 깨끗하지 않을 수도 있다. 서비스도 엉망일 경우가 흔하다. 그러나 그런 불평은 자기 혼자 가슴속에 간직하라. 이 정도의 불편이라면 여행에서 얻는 경험의 일부 정도로 생각하면 그만이다.

'역시 이 나라는 이래서 안 되는 거라고.' 따위의 말을 해서는 안 된다. 그들은 그들의 방법대로 살도록 맡겨두면 그만이다. 그들이 당신의 나라를 찾을 땐 거꾸로 그들이 참아야 할 입장이 되는 것이다. 어쨌거나 만사는 경험이다.

셋째, 갈등 따위는 집에 두고 떠나라.

당신과 함께 여행지에 있는 사람들은 질병, 수술, 회사나 가정, 이웃 사람과의 마찰 따위에 대해서는 이미 지쳐 있는 상태이다. 나쁜 일을 여행지에까지 가져올 필요는 없다. 당신의 나쁜 기억은 여행을 떠나기 전에 적당히 폐기 처분했어야 옳다. 여행용 가방에 그런 것들을 담아 오는 사람은 여행의 즐거움을 포기한 사람이다.

만사태평인 자세로 여행에 임하라.

상대방과 보조를 맞춰라.

상대방과 손을 잡고 일행의 일부가 되어라.

어느 누구를 막론하고 여행자로서의 단점을 극복하는 데 위의 세 가지 비결은 큰 도움이 될 것이다. 그것은 멕시코 여행을 위해서만이 아니라, 직장 생활을 할 경우에도 필요한 상식이다.

호텔 종업원이나 버스 기사에게 친절을 서비스하라. 그들이 마음에 들지 않는 행동을 하더라도 가급적 여유롭게 웃어넘겨라. 함부로 불평하지 않도록 주의하라.

항상 예의에 어긋나는 일을 하지 않도록 주의하라. 함께 행동하는 것을 싫어하거나 자기가 원하는 장소만을 고집하는 것은 남에게 폐를 끼치는 행동이다. 어디를 가든지 당신만이 보호받기를 원한다면, 친구 따위는 한 사람도 사귈 수가 없게 될 것이다.

당신이 머물고 있는 고장 사람들의 풍습에도 보조를 맞추도록 하라. 먹고 자는 일, 클럽에서 춤추는 일, 물건을 사는 일 등 모든 것을 그 고장 방식대로 하라는 것이다.

그들과 손을 잡고 여행의 즐거움을 만끽하라.

그들과 사사건건 다투지 않도록 주의하라. 만약 상대방이 당신에게 호감을 갖게 되면, 그는 당신의 인격, 가치, 실적 등 가장 좋은 점을 들추어 낼 것이다. 내성적인 성격의 당신에게는 이런 친구가 꼭 필요하다. 어쩌면 당신은 그가 갑자기 당신의 존재를 발견하기 전까지 온갖 적들로 가득 찬 방에서 혼자 웅크리고 있었던 건지도 모른다.

이제 그는 자석에 이끌리듯 당신에게 이끌려 왔고, 당신 또한 오래 기다렸던 친구를 비로소 만난 기쁨에 젖게 되리라.

즐거운 여행의 세 가지 원칙

첫째, 양보한 후에 받는 방법을 익히도록 하라.
둘째, 쓸데없는 일로 튀지 말고 경험을 즐겨라.
셋째, 갈등 따위는 집에 두고 떠나라.

상대방의 마음을
열어라

　문 앞에 '잡상인 출입 금지' 팻말을 내걸고 있는 사람들 열 사람 중에서 일곱 명 정도는 내성적이며, 소심하고, 수줍음을 타는 성격이다. 어쩌면 당신은 너무 과장된 논리라고 생각할 수도 있겠지만 이것은 사실이다.

　푸버 회사의 판매 훈련 부장이었던 윌리 포엘은 자기 회사의 전기 청소기를 판매하는 과정에서 이 놀라운 사실을 발견했다. 그의 조사 결과에 의하면, 이와 같은 사람들은 세일즈맨에 대해서는 대단한 불신을 품고 있으나, 일단 접촉하기만 하면 세일즈맨의 눈앞에서 거칠게 문을 닫아 버리는 난폭한 고객보다 두 배나 팔기가 수월하다는 것이다.

　소심하고 수줍음을 타는 사람은 낯선 사람을 상대하는 것 자체를 두려워하지만, 일단 만나고 나면 마음을 열기가 생각처럼 어렵지 않다는 것을 윌리는 깨달은 것이다.

:: 원인을 알면 대책이 생긴다

무엇이 사람들을 소심하게 만드는 것인지 의사들의 견해를 들어 보도록 하자. 의사들은 대개 그 원인의 발견이 빠르면 빠를수록 치료법도 쉽게 찾을 수 있다고 충고한다.

소아마비의 병원체가 발견되기 전까지는 거기에 대해서 아무런 대책을 강구할 수가 없었다. 이와 마찬가지로 소심증도 그 원인을 규명하게 될 때까지는 역시 대책을 마련하기가 곤란한 것이다.

의사들은 소심증 환자들이 곤란을 느낄 때 왜 숨이 가빠지느냐 하는 물음에 대해서 분명한 답을 알고 있다. 미지의 많은 사람들 앞에 나서야 한다는 부담감이 우리의 신경에 영향을 끼치는 것이다. 심장의 고동이 빨라지면서 얼굴 쪽으로 피를 보낸다. 이러한 현상을 보고 사람들은 얼굴이 붉어졌다고 한다. 이것은 소심하다는 분명한 증거다. 신경이 혼란 상태에 빠져 있기 때문에 호흡이 빨라지면서 체내의 탄산가스가 줄어든다. 이 과정에서 마비, 전율 등의 증세가 일어난다.

'저것 좀 봐, 저 사람 다리가 후들거리고 있잖아.'

모르는 사람들은 장난삼아 이렇게 말하지만, 실제로 소심한 사람들에게는 그렇게 단순한 문제가 아니다. 마음이 신체를, 신경이 사고를 지배하고 있는 현상이다.

흔히 어떤 사람이 '나는 지금 신경이 엉망이다.' 또는 '내 정신이 아니다.'라는 말을 하는 것을 당신도 들은 적이 있을 것이다. 그것은 우리가 '손발이 말을 안 듣는다.'고 했을 때와 비슷한 경우로 해석할 수 있다. 그들이 이처럼 무섭고 혼란스러운 상태를 경험한다는 것은 생물학적으로는 무엇을 뜻하는 것일까? 왜 '신경이 엉망이' 될까?

세계적으로 권위 있는 의사들의 연구 결과에 따르면, 이런 경우에 신경은 어떤 부분에도 이상이 없다고 한다. 신경질적인 사람이 수화기를 들고 상대방에게 아무리 히스테리를 부려도 통신에 아무런 이상이 없는 것과 마찬가지로, 소심증이 발작해도 신경에는 아무런 이상이 없다는 것이다. 문제는 우리의 감정에 대한 내분비물의 영향이다.

이제부터 신경이 엉망이라고 말하는 대신 당신은 이렇게 말해야 할 것이다.

'나는 내분비선이 이상해졌다.'

'오늘은 나의 내분비선이 엉망이다.'라고.

:: 생각이 괴로우면 생활이 엉망이 된다

뇌하수체를 예로 들어 보자.

뇌하수체라는 것은 인간의 두개골 뒤에 자리잡고 있으며 신체 외부와는 굳게 격리되어 있다. 따라서 외부의 여러 가지 타격에도 별다른 손상을 입지 않는다. 이것은 흔히 완두콩에 비유되기도 하는데, 크기도 서로 비슷하다

뇌하수체를 통해서 각종 호르몬이 분비되는데, 혈액이 그 호르몬을 신체의 각 부분으로 운반하여 무리 없이 작용시키는 역할을 한다. 예를 들면, 어떤 호르몬은 혈압을 조종한다, 다른 호르몬은 신경이나 근육 등 신체의 여러 가지 부분에 작용을 한다……. 이처럼 호르몬은 몸속을 돌아다니며 유익한 작용을 하는 것이다.

뇌하수체는 대체로 신체의 유익한 역할을 담당하는 기관이지만, 단지 그것은 어떤 침해를 받지 않는다는 전제하에서나 가능하다. 그 침해란 다름 아닌 부정적인 생각을 뜻한다. 즉 외부의 여러 가지 타격에는 견딜 수가 있지만 사고의 위협을 받으면, 뇌하수체에 심각한 조짐이 나타나기 시작한다.

불쾌한 생각이 뇌하수체를 덮치면 이곳에서 어떤 종류의 호르몬을 너무 많이 분출하게 된다. 그 결과 당신은 신경이 예민해지고 혈압이 높아지는 등의 이상 증세를 보이게 되는 것이다. 대개 불안, 초조, 공포 따위의 불쾌한 생각은 당신의 뇌하수체를 자극

하고 행동의 균형을 잃게 만든다. 그러므로 불쾌한 생각은 뇌하수체를 위해서라도 되도록 멀리해야 한다.

신장에 작용하는 이뇨 호르몬에 관한 예를 들어 보자. 뇌하수체가 너무 자극을 받으면 이 호르몬이 대량 방출된다. 그 결과, 수시로 화장실을 들락거려야 하는 불편을 겪게 된다.

그리고 병균에 저항하는 백혈구를 자극하는 호르몬이 있다. 이 호르몬은 동시에 '기분이 나쁘다.'는 감정을 만들어 내는 SHT를 자극할 수도 있다. 만약 우리의 사고가 뇌하수체에서 '나는 위협을 받고 있다.'라고 보고하면 이 내분비선이 SHT를 자극하여 결과적으로 위장 장애를 일으키게 되는 것이다.

어떤 사람은 이렇게 말한다.

"이야말로 정말 못해 먹을 노릇이에요. 신경이 곤두서서 견딜 수가 있어야지요. 정말 만나기도 싫은 사람을 만나야만 한다니 원……."

이 생각이 그녀를 위협한다. 그러면 내분비선이 활동을 개시하여 호르몬을 분비한다. 그리하여 기분이 나빠지고 신경성 두통이 시작된다. 우리는 그녀가 까다롭게 군다거나 신경질적이라는 등 여러 가지 분석을 하지만 사실은 내분비선의 충동을 받은 것이다.

어쨌든 이 한 가지 사실만은 알아 두는 게 좋을 것 같다. 불쾌한 생각은 불쾌한 반응을 초래한다는 사실을. 만약 당신이 자신의 생각을 조절할 수가 있다면, 떨리는 다리도 조절할 수가 있을 것이다.

:: 올바르게 생각하라

엘머는 의사들이 말하고 있는 것을 여러 가지로 연구해 본 결과, 이런 결론을 얻게 되었다.

'소심증과 그로부터 야기되는 모든 질환, 위통·두통·신경 쇠약 등의 질환을 극복하는 방법은 내분비선에 유의하는 일뿐이다.'

올바르게 생각하라. 그렇게 하면 당신의 내분비선도 올바르게 작용할 것이다. 의학 책에는 그 사례가 얼마든지 있다. 거기에는 각자가 생각하기에 따라서 병에 걸릴 수도 있다는 이야기, 어떤 경우에는 천식, 간장, 신장의 증상을 야기할 수도 있다는 사례가 많이 실려 있다. 더 자세하게 알고 싶으면 단골 의사에게 문의해 보라.

여기서는 다만 내성적인 사람에게 무엇보다도 생각을 조절하는 것이 중요하다는 것을 강조해 두고 싶었을 뿐이다. 그렇게 함으로써 당신은 '겁에 질려 있다.'는 조짐으로 나타나는 여러 가지 신체 변화를 없앨 수가 있기 때문이다. 갑상선도, 뇌하수체도, 부신 피질도, 이 모두가 자신의 생각에 의해 규제되는 것이다.

당신의 스트레스가 그것들을 계속 조종하고 있다. 그러므로 기사가 강철의 스트레스 포인트를 알고 있듯이 자신의 스트레스 포인트를 아는 것이 무엇보다 중요한 일이다. 이 스트레스 포인트를 넘어섰을 때 사람은 어쩔 수 없이 소심증 환자의 길을 걷게 되는 것이다.

:: 당신의 스트레스 포인트를 찾아내라

당신의 스트레스 포인트는 어디에 있는가? 이것은 사람에 따라 다르다. 만약 이 스트레스 포인트를 넘어서지만 않는다면, 억센 고객이 면박을 주는 일이 있더라도 괴로움을 느끼는 일 따위는 결코 생기지 않는다는 것을 곧 알게 될 것이다. 스스로 긴장의 한도를 파악하라. 자신이 어떤 경우에 그 한도를 넘게 되는지를 알고 분규에 말려들지 말아야 한다는 것이다.

내성적인 성격을 위한 최고의 명약은 건강한 감정이다. 의사들은 건강한 감정이야말로 수줍음의 외형적 징후를 극복하는 묘약이라고 주장한다. 좋지 못한 일을 생각하면 심장 고동이 빨라지고, 얼굴에 피가 오르며, 신경이 안절부절못한다. 다리가 떨리고 목소리가 쉰 듯이 목에 걸린다.

그러나 좋은 감정은 당신을 건강하게 한다. '나는 기분이 좋다.'고 말할 땐 '오늘은 내분비선이 건재하다.'는 사실을 말해 주고 있다. 좋은 생각은 당신의 내분비선을 건강한 상태로 지켜 주는 것이다. 행복한 생각은 당신의 감정을 편안하게 해 준다. 당신은 이제 파티에 참석해도 종려나무 그늘에 숨으려고 하지는 않을 것이다.

신경질적인 사람은 생각 자체가 혼란 속에 빠진 사람이다. 당신은 생각을, 당신의 생활을 밝게 가꾸어라. 그렇게 하면 당신은 기세당당하게 고객을 향해 달려가는 세일즈맨처럼 누군가를 소개받을 때마다 주저하지 않게 된다.

만약 지금 당신이 감정을 조절하는 방법을 배우고 있는 중이라면, 불쾌한 생각을 차단할 수 있는 보호막으로 당신 주변을 경계하라. 당분간은 당신의 내심을 감추어 두라는 것이다. 그리하여 일단 당신의 생각, 감정, 내분비선에 대한 완전한 조절이 가능해지거든 이제는 구애받지 말고 인생을 활보하라. 당신이 좋아지는 것도 나빠지는 것도 당신의 생각이 좌우한다.

:: 감정의 균형을 잡는 법

첫째, 이야기를 시작하기 전에 세 번 호흡하라.

둘째, 뇌하수체에 충격을 주어서는 안 된다.
충격을 주면 그것이 불쾌한 생각으로 변하여 두통, 다리 떨림 따위의 신체적 동요를 유발시키게 된다.

셋째, 불쾌한 생각은 날려 버려라.
당신의 가슴이 뛰거나 얼굴이 붉어지는 것은 당신이 그 원인을 만들기 때문이다. 그러므로 당신의 생각을 조절하라. 그렇게 하면 당신의 소심한 동작도 조절할 수가 있을 것이다.

넷째, 당신의 스트레스 포인트를 파악하라.

다섯째, 당신의 생활과 생각을 정비해 두어라.
내분비선의 알맞은 균형을 유지하는 것은 내성적인 사람에게도 대담성을 불어넣어 주는 묘약이다.

자신을 밝게 바꾸어라

만약 당신이 자신의 생각을 조절할 수 있다면 붉어지는 얼굴, 떨리는 다리도 조절할 수 있을 것이다. 신경질적인 사람은 생각 자체가 혼란 속에 빠진 사람이다. 당신의 생활을 밝게 가꾸어라.

3

마음의 소리에
귀를 기울여라

성공의 비결은
무엇인가

어떤 장군이 갑작스럽게 성공에 관한 강연을 해 달라는 요청을 받고 단상으로 올라갔다. 그는 뜻밖의 일이라 무엇을 이야기해야 좋을지를 몰랐다. 단상으로 올라섰을 때 출입문에 '당기시오.' 라고 쓰인 글자가 있었던 것을 기억했다.

청중 앞에 나선 그는 이렇게 말했다.

"이제 여러분은 출입문 위에 쓰인 글자를 보신다면, 어떻게 해야 성공할 수 있을 것인가 하는 문제에 대한 해답을 얻을 수 있게 될 것입니다."

청중은 출입문 쪽을 돌아다보았다. 그들이 읽게 된 것은 '미시오.' 라는 글이었다. 이 건물 출입문에는 바깥쪽에 '당기시오.' 라고 씌어 있고, 안쪽에는 '미시오.' 라는 글이 씌어 있었다.

장군은 무슨 생각에서 출입문 바깥쪽의 '당기시오.' 를 언급했는지 모르지만, 실제로 성공의 비결은 '당기시오.' 가 아니라 '미시오.' 라는 말에 담겨져 있다.

결국 이 청중들은 장군의 뜻과는 상관없이 '미시오.' 라는 옳은 말을 보게 된 것이다.

우리 모두 성공이라는 위대한 문을 힘차게 밀고 들어가고 싶어 한다. 당신도 정상까지 밀고 올라갈 수 있다. 손수레는 잡아당겨 끌기보다는 뒤에서 밀어 주는 것이 훨씬 손쉬운 법이다. 숙련된 인부를 잘 지켜보도록 하라. 그는 위에서 밀기는 하지만 결코 수레를 잡아끌지 않는다. 당신도 이 방법을 시도해 보라.

아마도 장군이 '당기시오.' 라는 말을 성공의 비결로 제시하려고 했다면, 그는 속으로 집안 환경이나 학벌, 인맥 등의 배경을 생각했을지도 모른다.

확실히 이런 배경을 갖고 있다면 성공을 좀 더 쉽게 끌어당길 수 있는 것처럼 생각될 수도 있다. 그러나 '배경' 은 결코 충분한 것이라고는 할 수 없다.

'배경' 에는 언제나 한계가 있다. 그것을 손에 넣을 수 있는 사람은 극히 소수에 불과하다. 또 설사 그것을 가지게 되었다고 하더라도 그들은 곧 실패를 저지르기 쉽다. '배경' 만큼 사람의 의지를 나약하게 만드는 것도 없기 때문이다.

상사, 고객, 친구 또는 행운이라는 성공의 배경을 얻으려고 하는 것은 시간 낭비일 뿐이다. 성공을 끌어당기기보다는 밀어붙이는 것이 훨씬 낫다. 상사라든지 고객이라든지 친구에 의한 '배경'이란 어차피 당신 자신이 만든 것이 아니기 때문이다. 만약 그 배경이 사라지고 만다면, 당신의 성공 또한 물거품이 될 수도 있다.

벤치에 앉아 있는 거지들을 보라. 그는 결코 찾아오지 않는 '배경', '기회'를 평생토록 기다리고만 있다. 가령 '배경'이 찾아온다고 할지라도 그에게 하루치의 포만감이라는 성공을 안겨 주고 떠날 뿐이다. 결국 그가 떠나고 난 이튿날이면 다시 누군가의 적선을 기다리는 거지 신세로 돌아가야 하는 것이다.

'당기기'가 도움이 되는 경우는 호수에서 보트를 저을 때밖에 없다. 보트에는 고리가 있기 때문에 손쉽게 노를 당길 수 있다. 이와 같은 '당기는 힘'을 당신에게 주는 것은 '지식'이다. '당기는 힘'은 좋은 것이지만 '배경'은 그렇지 않다.

사실 당신은 성공의 사다리를 올라갈 수 있도록 자기 자신을 끌어올릴 수 있는 충분한 능력이 있다. 의지의 힘, 사고의 힘에 의해서 당신 자신을 끌어올리는 것이다. 다만 '배경'에만 의지하지는 말아야 한다. 그 대신 '밀고 나가는 힘'에 의지하라.

커티스 샌퍼드는 작은 약국에서 해고당했다. 그는 그곳 주인에게 자기는 언젠가는 당당하게 캐딜락을 타고 돌아올 것이라고 말하고는 그곳을 떠났다. 커티스는 캐딜락이 아니라 버스로 텍사스까지 갔다. 그에게는 어느 누구의 '배경(끌어당기기)'도 없었지만 한 가지 아이디어를 가지고 있었다.

커티스는 '밀고 나가기'의 한 가지 방법으로 끝까지 밀고 나갔다. 그 덕분에 그는 마침내 약국 주인의 코를 납작하게 할 만큼 유명한 사업가가 되었다. 그는 달라스 시를 주름잡는 부동산업계의 일인자로서 큰 성공을 거두었던 것이다.

우리 주변에는 흔히 직업을 밥 먹듯이 바꾸는 사람이 있다. 일에 있어서의 배경을 따지다 보니 자기 자신의 적성을 찾아내지 못했기 때문이다. 무슨 일을 하든 '배경'이 반드시 중요한 것은 아니다.

직업을 바꾸는 것도 좋지만 그것이 언제나 효과가 있다고는 할 수 없다. 만일 당신이 아프리카에서 일하기에는 너무나 덥다고 불평한다면, 이번에는 시베리아에 가서도 너무도 춥다고 불평을 털어놓을 것이다.

당신은 무엇보다도 먼저 일에 대한 충분한 의지를 갖고 있어야 한다. 만약 직업을 바꿔야 한다고 생각된다면, 그것을 결심한 그 일에 대해서 몇 가지 체크가 필요하다.

첫째, 나는 그 일을 확실히 잘할 수 있는 훈련이나 경험을 충분히 쌓고 있는가?

둘째, 긴 안목으로 보았을 때, 나는 그 일에 대해서 현재 받고 있는 것보다도 훨씬 더 나은 봉급을 기대할 수 있는가?

셋째, 그 일의 직업적 환경은 현재보다 좋은가?

넷째, 그 일이 지금 내가 하고 있는 일만큼 안정되어 있는가?

이상과 같은 질문에 대한 대답 중에서 한 가지 이상의 '확실한 노'가 나왔다면, 당신이 현재 하고 있는 일을 그만두지 않는 것이 현명하다. 그리고 만약 네 가지 각각에 대한 대답이 '예스'일 경우에도 성급히 직장을 옮기는 것은 현명하지 못하다.

만일 새로운 직장이 1년 내지 2년 이내에 망해 버린다면, 당신은 현재의 상황보다 훨씬 안 좋은 처지가 될 게 뻔하다. 성공에는 대부분 위험 부담이 따르게 마련이지만, 행운만으로 정상까지 올라가려는 생각은 어리석은 일이다.

상상력을 이용하여 앞날을 바라보라. 당신의 판단에 있어서 가장 중요한 선택은 상식을 이용하는 방법이다. 그리하여 확실한 결정의 단계에 이르렀다면, 용기를 내서 과감하게 실천해야 한다.

당신이 누군가로부터 얻고 싶어 하는 '배경'은 당신에 대한 그 사람의 호감인지도 모른다. 만일 그렇다면 다음의 격언을 마음에 새겨 두어야 한다.

'우선 이해하고, 그런 다음 이야기하라.'

비즈니스 세계에 있어서나 가정에 있어서 우리는 상대편을 이해하기 전에 이야기부터 하려고 하는 경우가 너무나 많다. 걸핏하면 '당신은 내 입장을 조금도 이해하지 못하고 있어!' 이렇게 외치기 일쑤이다. 상대방의 감정을 지레짐작한 나머지 오해를 하기도 한다. 만일 상대방의 이야기를 잠시 동안이라도 꾹 참고 들어 줄 수 있었더라면, 우리는 그에 대한 오해를 최대한 줄일 수 있었을 것이다.

그렇게 되면 또한 우리들 자신도 좀 더 권위를 가지고 이야기할 수 있게 된다. 그리하여 당신은 그의 '배경(호감)'을 얻게 되는 것이다.

그러나 이런 일에 지나치게 의지하는 것은 그다지 현명한 것은 아니다. '배경(끌어당기기)'이 잘 되어가지 않을 때에는 '밀기'가 그 역할을 대신하는 경우가 종종 있기 때문이다.

당신은 항상 이 말을 기억하라.

'닫혀진 문은 그것을 잡아당기기보다는 힘껏 밀어붙일 때에 더 열리기 쉽다.'

문고리를 힘껏 밀어붙일 때에는 당신도 앞으로 나아간다. 그러나 문고리를 잡아당길 때에는 문이 열리기 전에 당신도 뒤로 물러서지 않으면 안 된다.

우리는 일상생활에서 '배경(끌어당기기)'을 만들어내는 방법을 배움과 동시에 '밀고 나가는' 방법도 배워야만 참된 성공을 이룩할 수 있다.

'밀기'는 로켓을 달에 가까이 보내 주지만 '끌기'가 필요한 것은 그것이 달에 가까이 갔을 때뿐이다. 어쨌거나 둘 다 필요한 일이긴 하다.

자신의 힘으로 밀고 나가라

당신은 성공의 사다리를 올라갈 수 있도록 자기 자신을 끌어올릴 수 있는 충분한 능력이 있다. 의지의 힘, 사고의 힘에 의해서 당신 자신을 끌어올려라. 배경에만 의지하지 마라. 밀고 나가는 힘에 의지하라.

가슴이 통하려면
먼저 자신의 마음을 열어라

어떤 주제를 가지고 친구와 함께 이야기를 나눈다고 생각해 보자. 당신은 대화를 통해 상대방이 주장하는 내용을 좀 더 정확하게 파악하기 원할 뿐만 아니라 그 사람의 속마음까지 읽고 싶을 것이다.

다시 말하면 그 사람이 가진 생각과 습관, 인간성까지 알고 싶은 것이고, 더 나아가 그 사람이 마음에 든다면 당신의 사람으로 만들고 싶어 하는 욕망을 가지고 있다는 것이다.

우리는 많은 사람들과 오랫동안 대화를 주고받는다. 그렇지만 서로간에 깊은 속마음까지 주고받는 경우는 극히 드물다. 즉 마음이 통한다고 느끼게 되는 경우란 찾아보기 힘든 것이다.

그렇다면 상대방과 뜻이 통하고 서로를 이해하는 대화가 힘든 이유는 무엇일까? 그리고 진솔한 대화를 방해하는 요인들을 없애려면 어떻게 해야 할까?

많은 방해 원인들이 있겠지만 무엇보다도 중요한 것은 '나를 포함한 모두가 한 사람의 인간'이라는 사실을 종종 잊어버린다는 점이다.

자신의 생각이나 뜻을 굽힐 필요가 없는 생활을 할 수 있는 경우는 길들여진 짐승이나 로봇과 함께 살 때뿐이다. 그러한 것들은 사람이 시키는 대로 움직이기 때문이다.

그러나 우리는 그렇게 살지 못한다. 다양한 인간관계 속에서 살며 수많은 문제에 부딪치게 되고, 현실적인 문제들을 해결하기 위해 분주하게 움직인다. 또한 내적 성숙과 외적인 삶의 질을 높이기 위해 고민하며 자신의 위치를 지키고 싶어 한다.

이러한 수많은 욕구 때문에 의사 전달이나 논리적인 사고에 혼선이 빚어지기도 하고, 상대방과의 정신적인 교류가 계획한 만큼 쉽게 이루어지지 않는 경우도 생긴다.

그렇다고 실망할 필요는 없다. 앞에서도 말했지만, 나를 포함한 모두가 한 사람의 인간임을 곰곰이 생각해 보면 그 이유를 알 수 있다. 저마다 한 사람의 인간으로서 자기 나름대로의 고유한 생활방식이 있고, 그 속에 안주하려 하기 때문에 서로간에 마음이 통한다는 것은 결코 쉽지 않은 것이다.

그렇다면 이제부터 대부분의 사람들이 가지고 있는 특성들을 알아보고, 그것이 어떻게 사람과 사람의 마음이 서로 통하지 못하게 하는지 살펴보자.

첫째, 사람들은 변화를 싫어한다는 것이다.

대부분이 습관이라는 울타리에 갇힌 채 그 속에서만 맴돌며 살아가고 있다. 그렇다고 그 속에서 별다른 불편을 느끼지도 않는다. 오히려 습관에 길들여진 생활을 정상적이고 건전한 삶이라고 생각하고 안정감마저 느끼게 된다. 그리고 그 속에서 즐거움과 행복을 누리고자 한다.

이처럼 습관을 어떻게 가지는가 하는 것은 참으로 중요하다. 그것은 사람들의 감정이나 행동 등 모든 방면에 커다란 영향을 미칠 뿐만 아니라 직접적으로 간섭을 하기도 한다.

일상생활 속에서 드러나는 몇 가지 습관을 살펴보자. 대개가 나름대로 가지고 있는 습관 중에는 콜라 같은 청량음료를 안 마신다든가 원색에 가까운 옷만을 고집한다든가 날고기는 죽어도 안 먹는다든가 하는 것들이 있다.

이런 습관은 개인적인 취향이 반영된 것이 대부분이다. 이와 같은 기호적 습관은 때때로 생활에 불편을 가져다주기도 하지만 그다지 나쁜 영향을 미치지는 않는다.

그런데 이런 습관과는 성질이 다른 또 하나의 습관이 있다. 그것은 생각이 굳어지면서 만들어진 습관으로 '사고적 습관' 이라고 한다. 즉 무슨 일을 하든 간에 먼저 다른 사람의 조언을 구한다든가, 조금만 어려워도 꽁무니를 빼거나 포기한다든가, 다른 사람의 말은 무조건 불신부터 한다든가 하는 것들이다.

이런 습관은 단순한 기호적인 습관과는 달리 한 사람의 정신을 지배한다. 따라서 그 사람을 나약하게 만들거나 황폐화시키기도 하기 때문에 주의할 필요가 있다.

어떤 심리학자는 습관이란 하나의 행위를 단순히 반복한다고 해서 생기는 것은 아니라고 주장하다. 그는 사람의 행동이 습관으로 인정받기 위해서는 누구라도 이해할 수 있는 타당한 이유가 있어야 한다고 말한다.

그렇다면 사람들이 굳어진 사고방식을 바꾸지 않을 뿐만 아니라 어떤 행동을 고집스럽게 반복하는 이유가 무엇일까? 이것은 지금까지 그렇게 해왔기 때문만은 절대 아니다. 어떤 일로 인해 이익을 본 경험이 있기 때문이다.

예를 들어보자.

A라는 사람이 어떤 일을 시작해야 할지 말아야 할지 망설이고 있었다. 그는 판단을 내리기에 앞서 친지나 친구들에게 조언을 구했다. 그렇게 한 까닭은 전에도 늘 그렇게 해왔기 때문에 그러는 것이 아니다. 주위 사람들에게 조언을 듣게 됨으로써 심리적인 안정을 얻을 수 있었기 때문이다. 그리고 그런 과정을 거침으

로써 자신감도 가질 수 있기 때문에 이런 행동이 습관으로 굳어진 것이다.

달리 생각해 보면 사람들은 습관을 통해 이익을 얻게 되는 경우가 더 많다고 여기기 때문에 쉽게 버리지 못하기도 한다. 그러나 엄밀히 생각해 보면 습관 때문에 생긴 이익이란 실질적인 것일 수도 있지만 사람의 상상에 의해서 그렇게 생각되는 경우도 있다.

그렇지만 습관이 이익을 가져다준다고 믿고 있는 한, 누구나 하찮은 습관일망정 버리기를 꺼려하며 평생 동안 그것에 얽매여 살게 된다. 더군다나 습관 때문에 많은 이익을 얻는다는 생각이 강하면 강할수록 습관은 더욱 깊은 뿌리를 내리게 되고 그 힘은 더욱 커지게 마련이다.

둘째, 사람들이 자기 생각에만 빠져 있다는 것이다.

누군가와 대화를 나눌 때는 상대방의 주의를 끌기 위해 반드시 신경을 곤두세우고 있어야 한다. 당신의 말을 상대방이 끝까지 집중하며 듣고 있는 것이 아니기 때문이다. 상대방의 주의력은 당신의 말과 자신의 관심을 끄는 어떤 대상이나 생각 사이에서 맴돌고 있는 경우가 많다.

그러므로 당신이 상대방의 마음을 끌고 싶다면 이야기의 주제를 상대방이 관심을 가지고 있는 분야로 돌리도록 해야 한다. 그러면 효과는 즉시 나타날 것이다.

　여기서도 주의해야 할 점은 있다. 상대방의 주의력이 그다지 오래 지속되지 않는다는 것이다. 이야기의 주제가 흥분을 유발시키거나 자신의 문제를 해결해 줄 수 있는 것이라면 끝까지 귀를 기울이겠지만, 복잡하고 까다로운 이야기나 흥미가 없는 주제에는 금방 싫증을 내거나 다른 생각을 하게 된다.

　이처럼 상대방의 주의력을 집중시킬 수 있는 시간은 극히 짧다. 따라서 이야기를 나눌 때는 중요한 이야기는 여러 번 반복해서 말할 필요가 있고, 상대방이 지루해 하지 않도록 표현 방법을 바꿔가면서 말하는 기술도 필요하다.

　만약에 당신이 복잡한 내용을 요약해서 들려주고 있는데 상대방이 한두 마디라도 놓치게 된다면 다음 이야기를 꺼내기가 힘들어진다. 계속해서 당신이 이야기를 한다고 해도 상대방은 그 흐름을 이해할 수 없기 때문이다.

　그렇다면 상대방의 주의력이 산만해졌다는 것을 어떻게 알 수 있을까? 주의력이 산만해진 사람들에겐 몇 가지 공통점이 있다.

　그 첫 번째는 이야기한 내용을 다시 묻는 것이다. 당신의 이야기에 집중했더라면 충분히 이해할 수 있었던 내용을 다시 물어본다는 것은 집중력이 산만해졌다는 증거이다.

　두 번째는 지금 하고 있는 이야기의 내용과 상관없는 질문을 해오는 경우이다. 홀로 딴생각을 하고 있거나 당신의 이야기를 더 이상 듣고 싶지 않다는 자신의 뜻을 내비치는 태도인 것이다.

세 번째는 이미 결론이 난 이야기를 다시 한 번 생각해 보자거나 다른 의견을 제시하는 경우이다. 주의력이 산만해졌기 때문에 이야기를 처음 시작할 때의 상태만을 기억하고 있거나 중간 이야기를 듣지 못했기 때문이다. 그러므로 당신은 앞에서 열거한 사항들을 기억하고, 이런 경우에는 어떻게 처리할 것인가를 미리 염두에 두고 있어야 한다. 그렇게 준비가 된 경우라면 돌발적인 상황이 벌어진다고 해도 적절하게 대응하게 될 것이다.

셋째, 자기 방식대로 해석하기 때문이다.

비록 많은 사람은 아니지만 주위에서 벌어지고 있는 일들을 자기 방식대로 해석하는 사람이 있다. 이런 사람들이 가지고 있는 공통점은 지나치게 흥분을 잘한다는 것이다. 주변에서 인상적인 일이 생기면 보통 때보다 목소리를 높여 떠들거나 즐거워하는 등 자신의 감정을 지나치게 드러낸다.

또한 자기 말을 들어 주는 상대방이 마음속으로 존중해 주기를 바라며 자신의 주장을 강요하거나 의미를 첨가시키는 경우가 많다. 전체적인 내용을 객관적으로 판단하는 것이 아니라 자기에게 유리한 쪽으로만 생각하여 받아들이기 때문에 대화에 장벽이 생기는 것이다.

넷째, 무엇이든 숨기려고 하는 마음이다.

마음속에 품고 있는 감정이나 생각을 다른 사람이 알게 될까 봐 걱정하는 사람들이 있다. 이런 사람들의 공통점은 자기의 생각이나 감정을 다른 사람이 눈치 채면, 상대방이 자신을 싫어하거나 멸시하게 될 거라는 강박 관념을 가지고 있다.

그렇기 때문에 자신의 속마음을 꽁꽁 숨기게 된다. 너무 극단적인 말처럼 들릴지 모르지만 자신의 생각이나 감정을 숨기려는 사람은 의외로 많이 있다.

분별력이 있는 사람은 상대방이 자신의 속마음을 말해도 좋은 사람인지 아닌지를 판단할 수 있다. 그러나 상습적으로 자신을 감추는 사람은 이런 분별력을 발휘하지 못하는 특성을 가지고 있다. 그들은 아무리 사소한 문제라도 남에게 드러내는 경우가 없다. 다른 사람이 알고 있는 것보다 자신만 알고 있는 것이 훨씬 안전하다고 믿는 것이다.

의사 전달의 방해물은 반드시 극복이 가능하다.

정확한 의사 전달이란 단순히 말로써 뜻을 교환하는 것은 아니다. 의사 전달은 사람과 사람이 서로 통할 수 있도록 하는 중요한 역할을 한다. 그렇기 때문에 사람들은 대화를 나누면서 자신의 고민거리를 털어놓게 되고 상대방에게 도움을 받는가 하면, 그 반대의 입장에 서기도 한다. 다시 말하면 어려운 상황을 극복하기 위해 서로의 마음과 뜻을 모아 돌파구를 찾는 것이다.

사람이 서로의 마음을 하나로 통하려면 인간적인 속성에 대처할 기술들이 필요하다. 그리고 이런 기술을 습득한 후 활용을 하기 위해서는 부단한 노력이 필요하다.

그러나 상대방의 마음을 붙잡기 위해서는 무엇보다도 먼저 준비해야 할 것이 있다. 그것은 당신의 마음을 먼저 열어 놓아야 한다는 것이다. 내가 속마음을 숨기려 든다거나 상대방의 이야기를 내 방식대로 이해한다면 누가 당신을 상대해 주겠는가?

마음이 통한다는 것은
어려운 상황을 함께 극복한다는 것이다

우리는 많은 사람들과 오랫동안 대화를 주고받는다. 그렇지만 서로 간에 깊은 속마음까지 주고받는 경우는 극히 드물다. 마음이 통한다고 느끼게 되는 경우란 찾아보기 힘든 것이다.

저마다 한 사람의 인간으로서 자기 나름대로의 고유한 생활 방식이 있기 때문이다. 그러나 자기만의 방식대로 이해하고 받아들인다거나 속마음을 감추는 한 아무도 당신에게 마음을 열지 않을 것이다.

서로의 마음이 통하는 것은 자신의 고민이나 문제를 털어놓고 상대방에게 도움을 받는가 하면 그 반대의 입장에 서기도 하는 것이다. 다시 말하면 어려운 상황을 극복하기 위해 서로의 마음과 뜻을 모아 돌파구를 찾는 것이다.

당신이 갖고 있는 것을 이용하여
상대를 유혹하라

아라비아의 속담에 이런 말이 있다.

'내가 듣는 편에 서면 유리한 입장이 되고, 내가 말을 하면 상대방이 유리해진다.'

소심하고 말이 없는 사람이 어느 날 갑자기 웅변가가 될 수는 없을 것이다. 말을 잘할 수 있는 기술은 하루아침에 이루어지는 것이 아니다. 서서히 그 기술을 습득하라.

그 첫 번째 방법은, 대화를 할 때에 상대방에게 이야기를 시켜놓고, 그동안에 당신이 할 말을 생각하는 것이다.

'물고기는 입을 벌렸기 때문에 죽었다.'

이 스페인 속담은 경솔한 말버릇을 경계하라는 의미에서 누구나 새겨둘 만한 가치가 있는 말이다.

당신은 자신의 입보다는 먼저 상대방의 입을 열게 함으로써 더 빠르게 자신을 선전할 수가 있다. 이것은 당신에게 특별히 이야기할 만한 중요한 것이 없을 뿐이지, 할 말도 제대로 못 하는 바보는 아니라는 것을 보여 줄 수 있는 '무언의 기회'가 되는 셈이다.

존 D. 록펠러는 훌륭한 웅변가이면서 훌륭한 청취자이기도 했다. 사람들은 곧잘 록펠러는 어떤 사람의 이야기도 진지하게 경청했다고 칭찬을 아끼지 않았다. 그는 언제나 상대방이 말하기 쉽도록 용기를 북돋아 주었다. 그리하여 그와 함께 이야기하는 동안에는 어떤 겁쟁이도 대담해진다는 것이다.

그는 이른바 소심한 사람의 감춰진 욕망을 만족시켜 준 것이다. 자신의 이야기를 진심으로 들어 줄 수 있는 사람을 만나기 원하는 것은 소심한 사람의 감춰진 욕망이다.

가령 회사원인 당신은 소심한 사람이다. 그런데 당신이 맡은 일이 소비자들의 고충 처리 담당이라고 하자. 이 경우에는 선천적인 성격이 오히려 큰 몫을 하게 된다. 당신의 그 소심성이 고충 처리 전문가로서 역량을 최대한 발휘하도록 만들게 되는 것이다.

당신은 상대방이 말하는 것을 묵묵히 듣고만 있으면 할 일을 다 한 셈이다. 불평의 물주전자가 끓어오르는 대로 내버려두어라. 이것이 그의 마음을 가라앉혀 주는 방법이다. 뜨거운 열기가 분출되는 동안에 상대방의 기분도 차분해질 것이다. 그 마음이 완전히 가라앉았을 때 당신이 할 말을 하면 되는 것이다.

그가 기대했던 것보다 더 큰 것을 그에게 주겠다고 암시하라.

이것으로 그는 완전히 말려들고 말 것이다. 그때 당신은 상대방의 말뜻을 충분히 이해하고 있다는 것을 보여 주어야 한다. 이것으로 해서 상대방은 곧 수그러지고 당장 당신 편에 서게 될 것이다. 일단 당신 편에 서게 되면 그를 만족시키는 것은 매우 간단하다.

제임스 F. 링컨은 클리브랜드에 있는 그의 용접 공장에서 단 한 번도 노사 분규를 겪은 적이 없었다. 그는 항상 인상 좋은 청취자가 되는 것을 첫째 목표로 삼았고, 자신의 주장은 그 다음으로 미뤘기 때문이다.

그는 불평을 무시해 버리는 따위의 일은 결코 하지 않았다. 또한 불평을 안고 오는 사람을 못마땅해 하는 따위의 일도 절대 하지 않았다. 마침내 그는 신뢰를 얻었다. 심지어 그가 무슨 말을 하든 완전히 상대를 설득시킬 수가 있었다.

사실 그는 성격상 다른 사람 앞에 나서기를 꺼려하는 타입이었다. 그는 이 성격을 장점으로 전환시켜 스스로를 '들어 주는 사람'이 되게 했다. 그 결과, 그는 사람들의 호의 속에 파묻혔다. 그것은 이 위대한 경영자의 마음 깊은 곳에 있는 소심성이라든가 수줍음을 극복하는 데도 큰 도움이 되었다.

:: 자신의 열변에 취하지 마라

중단시키지 말고 정성껏 들을 것. 이것이야말로 사람의 마음을 사로잡는 데 성공하는 실마리이다.

가급적 침묵할 것!

누군가의 말벗이 되려면 강렬한 인상을 줄 수 있어야 한다. 상대방에게는 말할 기회를 주지 않으면서 나 혼자 좋은 말을 아무리 한다 해도, 그를 내 친구가 되게 할 수는 없다. 아라비아 속담에 이런 말이 있다.

'마음이 커질 때는 이야기가 작아진다.'

자신의 열변에 스스로 도취한 모습은 정말 꼴불견이다. 혼자 유식한 체하는 것은 더더욱 못할 짓이다.

:: 사람들은 남의 실수를 좋아한다

당신이 소심하고 수줍음을 잘 타는 성격이라면 대화에 서툴게 마련이다. 간혹 실수를 저지를 수도 있다. 쓸데없는 말을 늘어놓을 때도 있을 것이다. 생각한 대로 말이 나오지가 않기 때문에 문법상의 오류가 있을지도 모른다. 그러나 사람들은 엄격한 선생보다는 차라리 멍청한 동급생을 더 좋아한다는 사실을 잘 기억해 주기 바란다.

일반적으로 사람들은 말의 실수를 즐기려는 습성이 있다. 빌 로

저스가 이것을 증명했다. 그는 문법이 엉망이기도 했지만, 때로는 일부러 그렇게 하기도 했다. 그러나 그것이 오히려 청중의 마음을 사로잡았던 것이다. 완벽한 사람은 상대방에게 질투를 느끼게 만든다. 질투는 증오로 이어지고 증오는 적을 만드는 결과를 초래한다.

그러므로 한두 가지의 실수쯤은 스스로 관대하게 웃어넘길 줄도 알아야 한다. 사투리나 더듬거리는 버릇은 사람들의 비웃음을 사기는커녕 오히려 그들을 당신 쪽으로 끌어당기는 경우가 많다. 페르시아의 융단 제조업자는 그 속에 반드시 흠을 만들어 둔다. 융단의 어딘가에 흠을 만들어 두는 것은 옛날부터 내려오는 미신인데, 일을 완벽하게 하면 악마의 질투를 받는다고 믿어왔기 때문이다. 약간 어눌하다는 것은 오히려 환영할 만한 일이다.

:: 최고의 설득은 들어 주는 것이다

글로리아 스완슨은 아마도 현대인의 연애 상담역으로서는 가장 뛰어난 여성일 것이다. 그녀는 항상 사랑에 빠진 연인에게, 상대방의 마음을 사로잡기 위해서는 좋은 청취자가 되라는 충고를 잊지 않았다.

남자 친구(그가 소심할 경우에는 더욱더)의 마음을 사로잡기 위한 그녀의 충고는, '상대방에게 지금까지 만난 일이 없었을 정도의 훌륭한 청취자가 되라.' 는 것이었다.

몇 번이나 결혼 경험을 가진 은막의 여왕인 스완슨의 이 충고는 백 퍼센트 옳다. 만약 당신이 누군가의 마음을 사로잡으려고 한다면 반드시 마음에 새겨두어야 할 말이다.

자기야말로 수많은 대중들의 인기를 독차지하고 있는 가운데, 그들 모두를 청취자로 삼고 싶다고 생각할 수 있는 유명한 여배우가 자진해서 청취자 편에 서라는 것은 무엇을 의미하는가? 그녀의 인기 비결도 바로 여기에 있었다.

당신 주위에 있는 소심한 사람들에게 이 방법을 시도해 보라. 반대로 당신 자신이 소심한 사람이라면 먼저 상대방이 말하는 것을 잘 들어 주는 것도 이 방법의 효과를 증명할 수 있는 사례가 될 것이다.

그들의 '가장 좋은 청취자' 가 됨으로써 당신은 자신의 이야기도 들어 주는 사람들을 만날 수가 있을 것이다.

:: 상대를 유혹하며 설득하라

당신은 남자 친구나 여자 친구를 원하고 있다. 혹은 승진이나 승급을 바라고 있다. 그렇게 노력을 했는데도 기회는 좀처럼 오지 않는다.

이상하게도 당신의 이야기를 들어 주려는 사람이 없기 때문에 당신의 장점을 인식시킬 수 없었던 게 그 이유였다. 그렇다고 해서 억지로 듣기를 강요할 수 있겠는가? 간혹 그런 방법도 있을 수는 있다. 가령 부모가 어린아이들을 다루듯이 상대를 위압함으로써 의사를 전달하는 방식은 독재 국가에서나 있을 법한 일이다.

여기서 강조하고 싶은 것은, 그 반대의 방법을 택하는 편이 훨씬 이롭다는 것이다. 즉 전진하기 전에 일단 후퇴를 하라는 것이다. 월리 호프와 같은 태권도의 명수를 보라. 그는 상대를 치기 위해서 자기편으로 끌어당긴다. 점수를 올리기 위해서 역공을 취하는 것이다.

우리는 항상 권리를 요구할 수는 있지만, 그렇게 함으로써 상대방을 멀리 떠나 버리게 하는 경우도 간혹 있다. 힘에 의지하는 것은 인간인 이상 있을 수 있는 일이다.

그러나 그것은 어디까지나 잘못된 방법이다. 당신이 갖고 있는 것을 이용하여 상대방을 유혹해야 한다. 친절한 태도, 마음을 사로잡을 만한 화술 등으로 상대를 유혹하라.

유능한 세일즈맨은 이 방법을 이미 터득하고 있다. 그는 당신에게 지금 당신이 가지고 있는 것에 대한 불만을 느끼도록 유도할 것이다. 그러고는 그가 팔려고 하는 것을 당신이 원하도록 최면을 걸어서 결국은 지갑을 열게 하는 것이다.

당신이 만약 승진을 원한다면, 어떻게 해야 상사가 당신에게 기회를 주려고 마음먹게 할까를 연구하라. 그가 당신의 서비스를 원하도록 하라는 것이다.

:: 상대방에게 무엇을 제시할 것인가

킬 C. 폰오브스는 사람의 생각 중에서 가장 큰 비중을 차지하는 것은, 상대방이 원하는 것을 베풀었을 때 과연 자기는 무엇을 손에 넣을 수 있을까 하는 것이라고 했다.

다음에 제시하는 것은 성공의 문턱을 밟기 직전에 말의 실수를 범하는 단점을 극복하는 데 필요한 공식이다. 상대방을 설득하기 원한다면 먼저 자신에게 이렇게 물어보라.

'거기에는 상대방에게 도움이 될 무엇이 있는가?'

대화를 시작하기 전에 이것을 염두에 두고 당신이 그것을 말할 기회를 기다리라는 것이다. 이것은 소심을 극복하고 명예와 돈을 손에 넣을 수 있는 확실한 공식이다.

'거기에는 나에게 도움이 될 무엇이 있을까?'

하고 말함으로써 이 세상에서 성공한 사람은 한 사람도 없다. 오히려 이렇게 말해야 한다.

'거기에는 나를 원하는 사람들에게 도움이 될 만한 무엇이 있을까?'

성공은 사람을 돕는 일에서 시작된다. 당신이 먼저 대담하게 그들에게 다가서라. 가서 그들을 기분 좋게 돕는 것이다.

상대방을 유혹하여 설득하라

상대방이 기대했던 것보다 더 큰 것을 주겠다고 암시하라. 그는 완전히 말려들고 말 것이다. 그때 당신은 상대방의 말뜻을 충분히 이해하고 있다는 것을 보여 주어야 한다. 상대방은 곧 수그러지고 당신 편에 서게 될 것이다.

문제가 생기면
정면으로 싸워 이겨라

　만일 우리의 삶이 이제까지 읽어 온 방식에만 좌우되는 것이었다면 우리 모두 대부호가 될 것이다. 그런데 세계적인 경제 공항이 일어났다든가, 전쟁이 발생한다든가, 천재지변 등의 여러 가지 장애물에 의해서 어떠한 훌륭한 방식으로도 성공을 이룰 수 없게 되는 경우가 생기게 마련이다. 그러나 이 정도 곤란쯤이야 오히려 예견했던 일이 아닌가?

　어쩌면 이제 막 일을 시작한 세일즈맨이라도 남에게 물건을 판다는 것이 그다지 쉽지 않은 일이라는 것을 웬만큼 알게 되었을 것이다. 고개만 끄덕일 뿐 아무 말도 하지 않는 비협조적인 고객 앞에서 당신은 얼마나 황당하겠는가?

　그러나 길바닥에 모래를 뿌리는 것이 앞으로 전진해 나아갈 계기가 되는 경우도 많은 법이다. 그러므로 설사 꿈의 실현이 어렵게 되었을 경우에도 결코 당황해서는 안 된다.

이럴 때 당신이 취할 수 있는 행동은 어떤 것인가?

첫째, 장애물을 피한다.

둘째, 장애물로부터 달아난다.

셋째, 장애물을 무시한다.

넷째, 장애물에 굴복한다.

다섯째, 장애물과 싸운다.

갑자기 문제가 발생했을 경우, 당신이 할 수 있는 것은 대체로 이 정도의 것이다.

당신은 문제 자체를 피한다든지 어디론가 달아날 수도 있을 것이다. 그것을 무시할 수도 있고, 그것에 굴복할 수도 있다. 혹은 당신은 정면으로 부딪쳐 문제를 해결할 수도 있다. 그것은 자기 자신이 선택할 일이다. 당신 자신이 어느 것을 선택하느냐에 따라 자신의 진짜 성격을 알 수 있다.

만일 장애물을 피한다면, 당신은 외교적 성향이 강한 인물인지도 모른다. 그러나 당신이 계속해서 협상을 미루며 적당한 기회가 오기만을 기다리는 외교관처럼 노련한 통찰력을 갖추지 못했다면, 그건 바보 같은 짓이다.

만일 장애물로부터 달아난다면, 당신은 현실적인 행동을 하고 있다고 생각할지도 모른다. 특히 그 장애물이 방울뱀일 경우에는 사람에 따라서는 비굴하게라도 살아 있는 편이 죽은 영웅보다는 훨씬 더 낫다는 생각을 하는 일도 종종 있기 때문이다.

장애물을 무시하는 일은 가장 나태한 방법이다. 사람에 따라서는 무시함으로써 제법 잘해 나가는 사람도 있다. 이러한 사람은 적어도 고민하는 일이 없으며 위궤양에 걸리는 일도 거의 없을 것이다.

장애물에 굴복하는 것을 선택하는 수도 종종 있다. 그래 봤자 맹장에 염증이 생긴 것만큼 간단한 문제인데도…….

장애물과 싸우는 것은 의지가 확고하고 야심이 가득 찬 인간이 이런 경우에 취하는 보통의 행동이다.

'만일' 이라는 가정을 일삼는 사람은 장애물을 피하든가, 달아나든가, 무시하든가, 혹은 굴복할지도 모르지만 '어떻게 하면' 이라고 생각하는 사람은 반드시 싸워 이길 것이다.

:: 장애물과 싸워 이겨라

성공담에 나오는 수천 명의 사람들 중의 한 사람인 카슨 데니선은 16세 때에 시력을 잃었다. 이것은 청운의 꿈을 지닌 젊은이로서는 커다란 장애가 아닐 수 없었다. 다섯 번이나 수술을 한 후에도 그는 이 불행에 굴복하지 않고 그것과 싸우기로 결심했다.

그는 그것을 어디서부터 착수해야 좋은가, 어디서부터 출발해야 좋은가, 무엇을 해야 할 것인가 하는 기본 방식에 의거해서 삶과의 치열한 투쟁을 벌였다.

시력은 잃었더라도 그는 자기에게는 상상력이 있다는 것을 알고 있었다. 이 상상력을 이용하여 그는 기계를 다루는 일류 기술자가 되었던 것이다. 오늘날 그의 꿈은 훌륭히 실현되었다. 성공한 비즈니스맨, 숙련된 배관공, 전기 기술자, 기계 기사가 된 것이다.

그는 자신의 아내가 도면을 읽어 주는 것을 들으면서 기계에 대한 모든 것을 공부했다. 이것은 장애물을 무시하거나 그것에 굴복하는 것이 아니고, 맞부딪쳐 싸우는 일이었다. 프레트 로올리도 아주 어린 시절에 눈이 멀었다. 바이올린 연주자가 되고 싶었으나 시력의 핸디캡 때문에 불가능했다. 그러나 그는 이 핸디캡을 극복하기로 결심했다. 그리고 마침내 훌륭한 음악가가 되어 살아가고 있다.

그는 자신이 원하는 것이 무엇인가를 알고 있었다. 그리고 그것을 자신의 마음의 눈에 청사진으로 새겼던 것이다. 물론 이 경우에도 그의 시력을 보완해 줄 다른 사람의 도움이 있긴 했다. 어디서부터 손을 대야 좋은가 하는 문제가 그를 괴롭히던 어느 날 휘파람을 부는 사람이 마을을 찾아왔다. 프레트는 이때 음악가가 될 기회를 발견했던 모양이다.

그가 선택한 것은 휘파람을 부는 음악가가 되는 것이었다. 그는 아이디어를 행동으로 옮겼다. 그리고 일단 이름이 알려진 후에도 중도 하차식으로 타협하지를 않았다.

'우리는 인생에서 얻고 싶어 하는 것을 추구하여 그것을 손에 넣을 작정이다.'

이것은 마가레트 윈첼과 그녀의 남편이 최근 결혼 생활 17년이 지난 후에 경제적인 장애에 부딪혔을 때 맹세했던 다짐이었다.

윈첼 부인은 자녀들이 자라나고 지출이 늘어나면서 수입을 늘릴 길을 찾아야겠다고 결심했다. 양장점에 점원으로 나가 시험삼아 일해 보기도 하고, 직장에 나가 근무도 해 보았으나, 그런 일들은 그녀가 찾고 있던 문제 해결에 도움이 될 것 같지는 않았다.

그 무렵 그녀는 한 잡지를 통해서 방문 판매에 관한 흥미로운 기사를 알게 되었다. 그것은 화장품 회사의 판매원들이 단골손님의 가정을 찾아다니며 파티를 열어 준 결과, 놀라운 판매 실적을 올릴 수 있었다는 내용이었다.

이런 식의 세일즈 기법은 윈첼 부인에게 몇 가지 아이디어를 떠오르게 했다. 그녀는 즉각 화장품 회사의 방문 판매원으로 취직했다. 그리하여 고객들 집을 찾아다니며 메이크업 강좌와 화장품 판매를 겸한 '매력의 광장'이라는 이름의 파티를 수시로 개최했고, 이 과정에서 큰 성공을 거두었다. 특히 중년 부인들에게 그것은 즐겁고 보람 있는 일이었다.

윈첼 부인은 현재, 1년에 합계 144회의 '매력의 광장'을 실시하고 있으며, 시간당 5달러 이상의 수입을 얻게 되었다.

만일 당신이 돈 때문에 곤란을 당하고 있는 가정주부라면, 신문의 구인 광고를 주의해서 볼 일이다. 어쩌면 당신은 시간제 근무로 일해 줄 사람을 찾고 있는 회사의 광고를 발견할 것이다. 이것도 장애를 극복하는 하나의 방법이 될 수 있다.

물론 장애를 피하고, 달아나고, 무시하고, 혹은 굴복하는 것이 바람직한 때가 있기도 하다. 하지만 만일 '굴복하는 것'이 습관이 되어 버린다면, 당신은 자신의 성격을 약화시켜 버리는 결과가 될 것이다.

장애와 싸우는 것이 언제나 필요하다고는 할 수 없다. 하지만 곤란이 당신의 앞길에 있을 경우에는 싸우는 것이 최선의 길일 수도 있다. 때로는 공을 코너로 몰고 감으로써 좀 더 멀리 나가게 할 수도 있지만, 정면으로 맞부딪쳐 당신의 목표를 달성할 수도 있다.

가령 당신이 진심으로 싸울 용기가 있는 인간이라면 그 어떤 장애물도 무의미한 법이다. 강력한 꿈은 장애를 두려워하지 않는다. 어떤 험한 길에도 빠져나갈 구멍은 있는 것이다.

정면으로 부딪쳐라

'만일'이라는 가정을 일삼는 사람은 장애물을 피하거나 달아
나든가, 혹은 굴복할지도 모르지만, '어떻게 하면'이라고 생
각하는 사람은 반드시 싸워 이길 것이다.

마음의 소리에
귀를 기울여라

엘머는 도베르만 종種의 개의 귀에만 들리고, 다른 사람의 귀에는 들리지 않는 호루라기를 갖고 있다. 그것은 개의 귀에만 맞도록 되어 있다. 그것은 엘머의 귀에도 들리지 않으며, 다른 누구의 귀에도 들리지 않는다. 이 호루라기는 개가 멀리 있을 때 신호를 보내기 위한 것인데, 두뇌도 이와 마찬가지라고 믿고 있다.

당신은 무엇인가를 생각해 내고, 무엇인가를 상상하며, 꿈의 공중누각을 쌓는다. 그리고 세 가지의 소원을 갖는다.

당신이 이러한 것에 대해서 생각하는 것이 두뇌 근육의 안쪽에 일종의 자기 작용을 일으킨다. 그러면 그것이 잠재의식에 통신을 보내는 것이다. 거기서 기록되어 보존되든가, 혹은 즉시 작동하게 된다.

이것은 일종의 고주파로써 마치 인간의 귀에는 들리지 않는 호루라기 같은 것이다. 당신의 두뇌가 그 통신을 보내는 소리를 '들을’ 수는 없다. 어쩌면 그것을 ‘느낄’ 수는 있을 것이다. 당신은 흥분이라든가, 어떠한 반응을 느낄지도 모른다. 그러나 어떻든 당신은 통신이 전달된 것을 확신하고 안심할 수 있게 된다.

그 비밀은 알 수 없다. 어떤 과학자는 사람의 상상력은 ‘송신 장치’이고. 두뇌는 ‘수신 장치’에 해당된다고 주장한다. 또한 어떤 사람들은 생각하는 마음이 ‘송신 장치’이고, 잠재의식이 ‘수신 장치’라고 말하기도 한다.

그러나 그것이 실제로 증명되기까지 우리가 알고 있는 것이라고는, 매순간 우리의 생각 속의 모든 일은 대량의 회백질에 둘러싸여 있는 앞이마 부분에서 약 1인치쯤 안에서 시작되어 두뇌의 어딘가에 기록된다고 하는 것뿐이다.

또 하나 분명한 것은 강력한 사고는 그 위대한 잠재의식의 창고에 충동을 전달하여 그 반응을 일으키게 한다는 것이다. 그 이유나 과정에 대해서는 아직도 정확하게 밝혀지지 않고 있다.

“오늘은 어쩐지 백화점에 가 보고 싶어요.”

아침밥을 먹을 때 아내가 말한다.

그녀는 그렇게 말함으로써, 여태껏 본 일이 없을 정도로 흥청거리는 백화점의 대 바겐세일을 상상한다. 무엇이 그녀로 하여금 그와 같은 예감을 가져다준 것일까?

남편은,

"어쩐지 오늘은 낚시에 가선 안 될 것 같은 기분이 드는데……."
라고 말한다. 그러면 과연 그 말대로 갑작스런 폭풍우가 휘몰아쳐
서 그가 낚시하려고 마음먹었던 그 호수에서 몇 사람인가가 죽는
사고가 일어난다. 무엇이 그에게 그것을 알려 주었을까? 직관이라
든가, 예감이라든가, 본능이라는 것이 실제로 존재하는 것일까?

물론 과학자가 아닌 이상 논리적으로 설명하기 힘들다. 여기서
는 단순히 우리 주변에서 일어나고 있는 것을 알리는 것에 지나지
않는다.

사람들이 성공하는 것을 지켜보며, 어째서 그렇게 되었는가를
알아보라. 그러한 성공은 누구나 다 실천할 수 있는 일련의 형식
을 따랐기 때문이라는 것을 발견할 것이다.

어떤 부인은,

"나는 알고 있어요, 난 모든 걸 알고 있단 말이에요!"

하고 말하지만 어째서 그렇게 되었는가 하는 이유를 나로서는 알
수가 없다.

어떤 유명한 심리학자는, 여성은 남성보다도 한층 더 잘 '느낄'
수가 있고, 귀로써가 아니라 그 '감각'으로 '듣는' 것이라고 주장
하고 있다. 그러므로 그녀들에게 '이야기를 해 주는' 것은 그녀들
의 이성이 아니라, 그녀들의 감정인 것이다.

여성들은 다른 사람이 이야기할 때에는 그다지 주의를 기울이

지 않고, 그들이 이야기하고 있는 것에 대해서 다른 사람들이 어떻게 느끼고 있는가 하는 점에 보다 더 많은 주의를 기울이는 것 같다. 그녀들이 어떤 사람은 정직하고. 어떤 사람은 정직하지 못하다고 '느끼는' 이유가 거기에 있는 것이다.

:: 여성은 느끼고 남성은 관찰한다

세일즈맨이 이야기하고 있는 동안, 주부들은 거의 입을 열지 않는다. 사실, 그녀들은 그 사이에 방 안 구석에서 혼자 딴생각을 하고 있는지도 모른다.

그러나 세일즈맨이 가고 난 뒤에, 남편이 금방 왔던 사람의 이야기에 대해서 어떻게 생각하느냐고 물으면, 그녀는 천천히 몸을 일으키며 갑자기 이렇게 말하기 시작한다.

"그 사람은 정직하지 못해요!"

남편이 그 증거가 무엇이냐고 물으면,

"난 그걸 느낄 수 있어요. 이유는 그게 다예요."

남편은 초조해져서 이렇게 묻는다.

"그 사람이 정직하지 못한 사람이라고 단정할 수 있는 어떤 말이라도 들었단 말이오?"

그녀는 그 이유를 말할 수가 없다. 그녀는 그가 한 말을 정확하게는 알지 못한다. 다만 그녀는 그의 말을 '느꼈을' 따름인 것이다. 그것을 듣고 있었던 게 아니었다.

여성의 직관이 놀랍도록 정확하기 때문에 남편을 한없이 주눅들게 하는 이유가 바로 여기에 있는 것이다.

칼 융 박사는 '무의식적인 방법으로 지각 대상을 전하는 기본적인 심리적 기능' 이라는 장황한 표현으로 직관을 설명하고 있다. 존 코드 라게만은 '진리에의 지름길' 이라는 좀 더 간단한 말로 이를 설명하고 있다.

그 어느 쪽을 택하든, 모든 세일즈맨은 여자는 직관의 지름길을 걷는다고 말한다. 그러므로 수식된 세일즈 용어를 벗어던지고 구체적으로 접근해야 한다는 것이다.

카드놀이에서 포커를 하는 사람들은 손을 잡아끌거나, 눈을 감아 보거나, 패를 뽑거나, 혹은 그 사람의 잠재의식에 무선 통신을 보내거나 해서 당신이 어떤 카드를 쥐고 있는가를 '느끼는' 일이 많다.

그것을 직관이라고 부르는데, 아마도 그 분야의 고수들이 사람들과 오랫동안 접촉하고 지냄으로써, 그들이 에이스 또는 하트의 킹을 잡았을 때에는 어떤 반응을 일으키는가를 이해하고 있을 것이다.

'직관은 한 다발의 이성임에 지나지 않는다.' 는 말이 있다. 우리 모두 전에도 같은 일을 간혹 경험했기 때문에, 똑같은 상황이 다시금 일어났을 때에는 그 다음 결과를 예측할 수 있다는 것이다.

예감을 상식이라고 불러도 좋을지 모르겠다.

여성은 당신이 몇 살인가를 느낀다. 그러나 남성은 추측하려고 한다.

:: 예감은 경험에 의한 것이다

그가 왜 속도위반을 했는가 하는 이유를 듣고 판사는 어떻게 그가 거짓말을 하고 있는 것을 알 수 있겠는가? 경험 탓이라고 나는 말하고 싶다.

판사가 상대방의 말이 거짓임을 알아낼 수 있다고 하는 그 말의 밑바닥에는 매우 많은 사람들을 상대했던 경험이 깔려 있다. 그는 자기 앞에서 떠드는 사람의 말을 완전히는 믿지 않았을지도 모르지만, 시력의 감각을 통해서 거짓말하는 입술을 숨기려고 해도 자연히 드러나는 경련, 속이려고 하는 손의 가냘픈 움직임 등을 본다. 이와 같은 사소한 징후가 '여기에도 거짓말쟁이가 있다.' 라는 것을 판사의 직관에 대고 경고하는 것이다.

어떤 식료품 가게에 도둑이 들었다. 가게 주인은 그들의 태도만 보고도 직관의 힘을 발휘하여 피해를 막을 수 있었다. 그 사람에게, 당신은 어떻게 해서 도둑들을 붙잡게 되었느냐고 물어보라. 그는 이렇게 대답할 것이다.

"나는 그들이 언제 훔치려고 하는가를 반드시 알 수 있습니다. 그들은 도둑질을 하려고 할 땐 반드시 먼저 뒤쪽을 돌아다보는 것입니다."

잠재의식은 결코 잠자지 않는다. 그것은 당신의 주위에 있는 온갖 이미지를 항상 기록해 나가고 있다. 그것이 당신의 직관을 발달시키는 셈이다.

이것은 결코 마술과도 같은 것은 아니다. 잠재의식은 대단히 많은 것을 기록하기 때문에 똑같은 상황이 일어나면, 당신은 잠재의식이 똑같은 모양으로 반응하는 것을 '느끼고' 자신에게 또다시 무슨 일이 일어나는가를 알 수 있다는 것이다. 일사불란하게 생각에 잠긴 다음에, 그 사실이 당신에게 '나타나는' 것은 이런 이유에서이다.

'나는 지금 그것을 똑똑히 볼 수가 있다.' 는 말은 곤란한 문제를 해결한 사람들이 즐겨 쓰는 말이다. 그들은 '껍데기 속에 들어가서' 해답을 가지고 나오는 것이다.

당신은 자신이 알고 있다고 생각하는 것 이상으로 자신을 이해하고 있다. 당신의 의식이 주변의 이미지를 종합하기 위해서 어떤 문제에 매달려 바쁘게 활동하고 있는 사이에 잠재의식은 당신이 나중에 쓸 수 있도록 그것을 기록하고 있는 것이다.

누구나 다 두 개의 마음을 가지고 있다. 즉 당신의 주위에서 일어나고 있는 일을 알고 있는 의식적인 마음과 당신의 그림자와도 같은 잠재의식이 그것이다. 잠재의식은 언제나 당신과 함께 있지만, 당신이 그것을 찾기 시작하기까지는 알아차리지 못하는 또 하나의 마음인 것이다.

:: 사람의 80%는 직관으로 일한다

대부분의 의사는 당신의 어디가 좋지 않은가를 알고 있지만, 그러한 느낌을 구체적인 말로 표현하지는 못한다. 당신도 당신의 잠재의식에서 얻는 '느낌'을 표현하기가 어려운 경우가 많을 것이다. 따라서 당신은 '나는 무엇이 잘못되었는가를 알고 있지만 확실히 그걸 말씀드리기가 어렵군요.' 라고 말하는 것이다. 그것은 당신의 잠재의식을 통해서 전달되고 있는 희미한 경험이었을 것이다.

예술가나 음악가나 작가는 직관의 힘에 의지하는 경우가 많다. 사고를 자유로이 펼치고 있노라면, 자신 속에 있었다고는 생각할 수 없는 것이 흘러나와 무의식중에 여러 음절이 작곡되는 일이 있다. 그리고 쓰인 것을 다시 한 번 읽어 보면, 처음으로 보는 듯한 느낌이 드는 것이다.

엘리옷 허치슨 박사는, '사람들의 80퍼센트는 직관으로 일하고 있다.' 라고 주장한다. 직관의 힘이 그만큼 인간의 행동 양식을 지배하고 있다는 것이다.

직관에 의지해서 결혼한 지 20년쯤 지난 후에는 자신이 왜 상대방과 결혼을 했는지에 대해서 후회하는 부부들도 흔하다. 아버지는 딸에게 딸이 사랑한다는 어떤 사람과 결혼해서는 안 되는가를 역설한다. 그는 많은 이유를 들 수 있다. 딸은 그런 것에는 조금도 주의를 기울이지 않는다. 그녀는 아버지의 충고보다는 자신의 사랑을 믿을 뿐이다. 그리하여 그녀는 그와 결혼한다.

대부분의 부모는 어떤 청년이 딸의 결혼 상대로는 맞지 않는다는 것을 느끼고 있으나, 그 느낌을 딸이 결혼을 단념할 만큼 강력한 언어로 설득할 수가 없는 것이다.

개인적인 견해로써 직관은 좋은 것이라고 말하고 싶다. 그것은 당신을 머리로는 불가능했던 단계까지 인도해 주고, 당신이 난관을 돌파하게 해 준다. 그러므로 직관적인 추리력을 몸에 익힐 것을 강력하게 권하고 싶다. 당신의 느낌이나 감정을 예민하게 만들일이다. 그런 다음, 그것이 당신을 인도하게 하는 것이다.

당신은 항상 무슨 일에 대해서나 그것을 포기하기 위한 이유를 발견할 수 있다. 그러나 만일 당신이 직관의 인도를 받아들인다면, 당신의 잠재의식은 무엇을 해야 하는가에 대해서 당신의 이성보다도 훨씬 더 좋은 판단을 내릴지도 모른다.

당신의 잠재의식은 주입된 관념에 의해서 혼탁해져 있지는 않다.

그것은 정확히 기록된 그대로의 사실을 돌려보내 주는 것이다. 결코 당신의 희망 사항을 사실로 받아들이게 하는 것은 아니다.

만일 '나는 나 자신이 정당하다고 느낀다.'고 한다면 그것은 당신이 가만히 앉아서 '내가 정당하다는 증거는 바로 여기에 있다.'고 할 경우보다도 정당할 가능성이 훨씬 더 많은 법이다.

올바로 느껴라. 그리하면 당신은 정당해질 것이다.

당신이 시험 때문에 맹렬하게 공부를 하고 있는 대학생이라고 가정하자. 당신의 아버지가 '나는 너를 위하여 분발하고 있다.'는 내용의 편지를 보내왔다. 그러면 당신은 아버지를 실망시키고 싶어 하지 않는다. 아버지의 노력과 열의가 당신의 그것에 보태어진다. 당신은 시험에 패스한다.

누군가가 '너는 내가 하려고 한 말을 빼앗아 버렸다.'고 할 때에는 동시에 똑같은 것을 생각하고 있던 당신들 두 사람으로부터 어떠한 힘이 방사되고 있음을 나타내고 있는 것이다. 실제로 두 사람이 갑자기 똑같은 말을 하기 시작할 때가 간혹 있다. 왜 그럴까? 어떤 힘이 당신들 두 사람에게 작용하고 있는 것은 아닐까? 그리고 두 사람은 똑같은 파장으로 조립된 모든 라디오가 똑같은 프로그램을 수신하는 것과 같이, 그것에 반응하고 있는 것이다.

그러므로 성공을 위하여 분발하라! 나머지의 힘이 이성이나 능력이 설명할 수 있는 이상의 것을 손에 넣는 것을 도와줄 것이다.

직관은 경험이다

당신이 직관의 인도를 받아들인다면, 잠재의식은 무엇을 해야 하는가에 대해서 당신의 이성보다도 훨씬 더 좋은 판단을 내릴지도 모른다. 잠재의식은 결코 잠자지 않는다. 그것은 당신의 주위에 있는 온갖 이미지를 항상 기록해 나가고 있다. 그것이 당신의 직관을 발달시킨다.

성공을
퍼뜨려라

어떤 사람이 새로운 쥐덫을 만들었다. 개량된 쥐덫은 한 마디로 완벽한 작품이었다. 이제 주부들은 그것을 설치하기 위해서 직접 손을 갖다 대야 하는 섬뜩한 순간을 두려워할 필요가 없다. 그저 슬쩍 발로 건드리기만 해도 자동으로 설치되는 쥐덫이 개발되었기 때문이다.

가격도 기존의 수동식 제품보다 크게 비싸지 않았다. 그리하여 이 쥐덫을 개발한 사람은 조만간 떼돈을 벌겠다 싶은 기대감으로 잠도 제대로 못 이룰 정도였다.

그런데 어찌된 일인지 몇 개월이 지나도록 쥐덫은 하나도 팔리지 않았다. 가게를 찾는 손님 중의 그 누구도 신형 쥐덫에 대해 알지 못했던 것이다.

왜 그랬을까? 이유는 아주 간단하다. 그것은 진열장 구석에 처박혀 있었기 때문이다.

어둡고 구석진 곳에 숨어 있는 것은, 비록 그것이 다이아몬드라 해도 사람들 눈에 띄지 않는 법이다. 사람의 재능이라는 것도 겉으로 드러나지 않으면, 진열장 구석에 처박혀 있는 쥐덫과 다를 게 없다.

:: 큰 생각이 큰 성공을 부른다

한 번이라도 플로리다 주를 방문했던 사람은 윈터 헤븐 가까이에 있는 측백나무 공원의 아름다움을 잊지 못할 것이다.

이 측백나무 공원은 부동산업자인 디크 포프의 아이디어로 만들어진 일종의 작품이었다. 어느 날 그가 호수 주변에 있는 택지를 보러 가게 되었다. 때마침 어떤 화가가 그림을 그리고 있었다. 그가 가까이 가서 보았더니, 화가는 옹이투성이의 측백나무 노목을 그리고 있었다. 이것이 포프의 영감을 자극했다.

그는 몇 해를 두고 이 근방을 오가면서도 나무를 주의 깊게 살펴본 적이 한 번도 없었다. 그저 다른 사람들이 넋을 잃고 나무의 자태를 구경하는 모습을 막연히 바라보았을 뿐이다. 그런데 그곳을 방문한 사람들마다 그렇게 칭송하는 나무를 어째서 세상에 알리지 않는단 말인가?

포프는 그곳의 소택지를 사들였다. 거기에 길을 내고 귀엽게 생긴 작은 연못을 여러 개 만들었다. 종려나무와 열대 식물, 그리고 꽃도 심었다. 연못 위에는 아름다운 다리도 놓았다. 이제 마지막으로 할 일은, 방문자들이 꽃으로 둘러싸인 운하를 건널 수 있도록 모터보트를 띄우는 것이었다.

얼마 후, 그는 여기에 유명한 수상스키나 파도타기 등 수상 스포츠쇼 프로그램을 추가했다. 그리하여 오늘날 이 측백나무 공원은 미국의 관광 명소 중 하나가 되었다.

디크 포프는 과연 이 다음에 무엇을 더 추가할 것인가? 포프의 아이디어를 기대하는 사람들의 추측은 여러 갈래로 나뉘었지만, 어쨌든 큰 아이디어임에는 틀림없을 것이다. 왜냐하면 포프의 철학이 바로 '나는 크게 생각하는 것을 믿습니다.' 이니까. 그는 이렇게 덧붙였다.

'사업에 대해서 생각할 때에는 최대한 방대한 규모로 모든 가능성을 생각해 보고 있습니다. 크게 계획하면 할수록 그 성과는 커지는 것입니다. 왜냐하면 모든 것은 우리의 생각이 기초가 되는 것이니까.'

크게 생각하는 그의 성공 철학은 황폐한 소택지를 세계에서 가장 아름답고 훌륭한 관광지로 바꾸어 놓았다. 그는 방대한 투시력과 뛰어난 안목으로 성공을 꿈꾸었으며, 또한 자신의 성공을 세상에 퍼뜨리고 다녔다.

항상 지금보다 나은 상태를 계획하라. 개량된 신형 쥐덫을 생각해 내라. 그러나 그것을 진열장 뒤에 숨겨 두어서는 아무것도 이루어지지 않는다는 것을 잊지 마라.

세상에 당신의 꿈이 실현되었다는 것을 알리는 일에도 최대한 열성을 기울여야 한다.

꿈의 실현을 세상에 널리 퍼뜨려라

아무리 훌륭한 쥐덫이라도 진열장의 구석에 처박혀 있으면
팔리지 않는다. 어둡고 구석진 곳에 있는 것은, 비록 그것이
다이아몬드라 해도 사람들 눈에 띄지 않는 법이다. 사람의 재
능이라는 것도 겉으로 드러나지 않으면, 진열장 구석에 처박
혀 있는 쥐덫과 다를 게 없다.

호감이 가는 당신을
만들어야 한다

조 할아버지는 한 개에 1페니짜리 과자를 팔고 있었다.

어린이들이 과자를 사러 동전을 가지고 가면 조 할아버지는 천천히 그것을 헤아리면서 봉지에 넣었다. 그것은 어린이들이 매우 좋아하는 의식 같은 것이었다.

어느 날 새로운 과자 가게가 이웃에 생겼다. 새로 차린 가게가 등장하자 어린이들은 앞을 다투어 그곳으로 몰려갔다. 그러나 몇 주일이 지나자 다시 조 할아버지의 가게로 모여들게 되었다.

'왜 그럴까?'

새 가게의 사장은 이상한 생각이 들어 그 이유를 캐기 시작했다. 조 할아버지의 가게와 자신의 가게의 차이점에 대해서 그가 발견한 것은 다음과 같은 사실이었다.

새 가게의 점원은 아주 예쁜 여자아이였다. 10페니를 내고 과자를 달라고 하면 과자를 한줌 봉투에 넣은 다음 과자가 열 개만 남을 때까지 봉투 속에서 하나하나 끄집어내고 있었다. 이 소녀는 못생긴 조 할아버지보다 훨씬 신선하고 매력적이었기 때문에 당분간 아이들의 인기를 끌었다. 그러나 아이들은 얼마 못 가서 다시 조 할아버지에게로 달려갔다. 조 할아버지는 과자를 봉투에서 다시 집어내는 따위의 행동을 하지 않고 항상 하나씩 넣어 주는 방법으로 숫자를 더해 갔던 것이다.

아이들은 새 가게에서 과자를 살 때마다 뭔가를 빼앗기고 있다는 느낌이 들었으나, 조 할아버지 가게에선 오히려 덤을 얻는 것 같은 느낌이었다. 그 결과, 다시금 조 할아버지의 인간적인 상술이 아이들의 마음을 사로잡은 것이다.

:: **좋은 습관은 밀고 나가라**

코크란 박사는 당신이 남에게 호감을 사는 사람인가 아닌가를 알기 위한 자기 테스트 방법을 제시하고 있다. 다음에 열거한 것은 그중의 몇 가지 방법인데, 이것으로 당신이 어떤 타입인지 테스트해 볼 기회가 될 수 있을 것이다.

다음과 같은 질문을 자신에게 해 보라.

① 당신은 정말 이기적인 사람과는 인연이 멀다고 생각하는가?

② 당신은 늘 겉치레보다는 자연스러운 행동을 하려고 하는가?

③ 당신은 소문을 퍼뜨리는 사람이 되지 않기 위해 조심하는가?

④ 당신은 다른 사람을 원망하는 일을 하지 않는가?

⑤ 당신은 다른 사람을 조롱하는 일을 하지 않는가?

⑥ 당신은 다른 사람의 과오를 지적하는 일에 주저하고 있는가?

⑦ 당신은 자기 자신의 문제에 관해서 이야기하기를 피하는가?

만약 당신이 이 일곱 가지 질문에 대해서 틀림없이 '네.' 라고 할 수 있다면, 더욱더 그 경향을 잃지 말고 뻗어 나가도록 노력하라. 이것이야말로 소심한 사람이 호감을 사는 기본적인 조건이기 때문이다.

:: 이미지 관리를 위한 아홉 가지 방법

첫째, 주식 시장 상황을 읽는 대신 추리 소설을 택하라.

이 두 가지 모두 약간의 스릴이 있지만, 인간이나 그 동기에 대해서 읽는다는 면에서 추리 소설이 보다 효과적이다. 추리 소설은 당신의 혈액 순환을 자극하지만, 주식 시장의 동향은 당신을 소화 불량에 걸리도록 하는 수가 많다.

둘째, 때때로 거울을 보라.

자신을 관찰하라는 것이다. 만약 당신이 긴장으로 말미암아 딱딱한 표정으로 지내고 있다면, 부드럽게 바꾸도록 노력하라. 그렇게 되면 당신은 훨씬 젊게 보이며, 다른 사람에게도 좀 더 생기 있게 보일 수가 있을 것이다.

셋째, 테이블 위에 머리가 아니라 발을 올리도록 하라.

테이블 위에 발을 올려놓으라는 것은 진짜 그렇게 하라는 것이 아니고, 당신 마음의 자세를 좀 더 당당하게 가지라는 것이다.

넷째, 당신을 긴장시키는 습관을 버려라.

담배를 피울 때도 줄곧 빨아대지만 말고 손가락 사이에 끼워서 천천히 피워 보라. 그만큼 오래 살게 될 것이다.

다섯째, 차를 운전할 때도 너무 서두르지 마라.

그것 때문에 2~3분 다른 사람보다 늦을지는 모르지만 여유 있고 즐거운 마음으로 목적지에 도착할 수가 있을 것이다.

여섯째, 괴로움을 잊어라.

만약 그 걱정거리가 당신 혼자만의 힘으로는 어쩔 수가 없는 일이라면 곧 잊어버려라. 당신의 힘으로는 어쩔 수가 없는데, 무엇 때문에 고민하겠는가?

일곱째, 말을 천천히 하라.

사람을 만났을 때 조급하게 행동하지 말라는 것이다. 기분 전환을 위해서 숨을 돌리도록 하라. 그렇게 해야 친구를 많이 사귈 수가 있다.

여덟째, 사람을 손가락질해서는 안 된다.

당신이 남을 손가락질하면 뒤에 남은 세 사람이 당신의 뒤통수를 보고 손가락질할 것이다. 이것을 잊지 마라.

아홉째, 인생을 즐기고 사랑하라.

항상 행복한 마음으로 당신의 은신처를 밝게 비추고, 조속한 시일 내에 당신의 소극성을 극복하라는 것이다.

호감을 사는 기본적인 조건

① 당신은 정말 이기적인 사람과는 인연이 멀다고 생각하는가?

② 당신은 늘 겉치레보다는 자연스러운 행동을 하려고 하는가?

③ 당신은 소문을 퍼뜨리는 사람이 되지 않기 위해 조심하고 있는가?

④ 당신은 다른 사람을 원망하는 일을 하지 않는가?

⑤ 당신은 다른 사람을 조롱하는 일을 하지 않는가?

⑥ 당신은 다른 사람의 과오를 지적하는 일에 주저하고 있는가?

⑦ 당신은 자신의 개인적인 문제에 관해서 이야기하기를 피하는가?

만약 이 일곱 가지 질문에 '네.'라고 대답할 수 있다면, 계속 뻗어 나가도록 노력하라.

미소를
활용하라

어떤 만찬회에 막대한 유산을 상속받은 한 부인이 참석하게 되었다. 그 부인은 어떻게 해서라도 여러 사람에게 좋은 인상을 심어 주기 위해 꽤나 신경을 쓴 차림이었다.

그녀는 호사스러운 검은 담비 가죽으로 된 목도리와 다이아몬드 목걸이, 진주 팔찌 등 온갖 패물들로 몸을 화려하게 장식하고 있었지만 그러나 그런 것들은 그녀를 돋보이게 하는 데 아무런 효과도 나타내지 못했다. 아무도 그녀에게 별다른 관심을 보이지 않았던 것이다.

그 이유가 무엇일까? 부인은 자신의 장신구에만 신경을 쓰고 얼굴 치장에는 별다른 신경을 쓰지 않았던지 언뜻 보기에도 심술과 고집이 가득 넘쳐흐르고 있었기 때문이었다. 아마도 그녀는 남자들이 중요시 여기고 있는 것이 무엇인지를 모르는 모양이었다. 정작 중요한 것은 몸에 걸친 화려한 옷이나 장신구가 아니라, 그 사람의 얼굴에 나타나는 표정인 것이다.

만약 당신의 아내가 모피 코트를 사달라고 조른다면 이 구절을 기억해 두었다가 사용해 보는 것도 괜찮은 방법이 될 수 있을 것 같다.

찰스 슈와브가 여러 방면에서 성공을 거둘 수 있었던 것은 그의 인품, 재력, 사교적인 능력 등에서 비롯된 결과이기도 했지만, 그러한 것들을 형성하는 데 있어서 빼놓을 수 없는 요소가 한 가지 있었다.

즉, 그의 매혹적인 미소가 훌륭한 요소로써 작용했기 때문에 그러한 성공이 가능했던 것이다. 실제로도 그는 자신의 미소를 백만 달러의 돈에 비유한 적이 있지만, 사실 인간의 미소는 그보다도 더 값어치가 있다고 할 수 있다.

모리스 슈발리에와 반나절 동안 함께 지낸 적이 있는 사람이라면 몇 가지의 감정을 번갈아가며 느끼게 될 것이다.

먼저 그를 처음 보는 순간에 실망을 하게 된다. 대부분의 사람들이 상상하기로는 슈발리에가 아주 상냥하고 재미있는 사람일 거라고 믿는 데서 오는 실망감이다.

그 다음으로 느끼게 되는 감정은 그가 너무 무뚝뚝하고 말이 없는 사람이라는 데 또 놀란다. 그러나 이러한 감정도 잠깐 동안이다. 그가 미소지을 때는 이 모든 실망감들이 한꺼번에 사라져 버리게 된다.

만약 그 기막힌 미소가 없었다면 모리스 슈발리에는 지금도 파리 뒷골목에서 자기 아버지의 가업을 이어받아 가구나 만드는 단순한 목수에 불과했을 것이라는 생각이 들 정도로 그의 미소에는 사람의 마음을 사로잡는 마력이 있다.

행동은 말보다도 설득력 있는 웅변이다. 당신의 미소는 다른 사람들에게 이렇게 말하고 있다.

"나는 당신을 좋아합니다. 당신은 나를 행복하게 만들어 주기 때문이지요. 그래서 나는 당신을 만나는 이 순간이 세상에서 가장 즐거운 한때라고 생각합니다."

개가 귀여움을 독차지하는 이유도 바로 여기에 있다. 개는 온몸으로 주인에 대한 반가움을 표현할 줄 알기 때문에 우리도 개를 귀여워하는 것이다. 그러나 마음에도 없는 거짓 눈웃음으로 상대방을 속일 수는 없다. 그처럼 기계적인 눈웃음은 오히려 상대방을 불쾌하게 만들 뿐이다.

뉴욕에 있는 어떤 백화점 노무주임의 말을 빌리자면, 대학원 출신의 새침데기 여자보다는 초등학교를 중퇴했더라도 귀엽게 웃을 줄 아는 그런 여자가 점원으로는 적격이라는 것이다.

데일 카네기는 자신의 강좌를 듣는 수천 명의 청강생에게 1주일

동안 매일 1시간마다 한 번씩 누구에게든지 미소를 지어보이고 그 결과를 발표하도록 숙제를 내준 적이 있었다.

그중 한 가지 예를 들어보기로 하겠다. 이것은 뉴욕 장외 증권 거래소의 중매인인 윌리엄 B. 스타인하트의 결과 보고서이다.

나는 결혼한 지 벌써 18년이 지났지만, 아침에 일어나서 출근할 때까지 아직 한 번도 아내에게 웃는 낯을 보인 적이 없었습니다. 말조차 별로 주고받는 적이 없었지요. 이처럼 나는 세상에서도 보기 드물 정도로 성질이 까다로운 사람이었습니다. 그러나 선생님께서 다른 사람들에게 미소를 지은 후 그 경험을 발표하라기에 시험삼아 1주일 동안만 해 보기로 마음먹었습니다.

그 이튿날 아침, 나는 머리를 빗으면서 거울에 비친 무표정한 내 얼굴을 향해 이렇게 중얼거렸습니다.

'빌, 오늘은 잔뜩 찌푸린 얼굴을 버리고 웃는 모습을 보여 주라고. 어때? 자, 어디 한 번 웃어 볼까?'

잠시 후 나는 식탁에 앉으면서 아내에게 아침 인사를 건네고 미소를 지었습니다. 처음에는 상대방이 깜짝 놀랄 것이라는 선생님의 말씀대로 아내는 내가 생각했던 것 이상으로 굉장히 놀란 눈치였지요. 그러면서도 기뻐서 어쩔 줄을 몰라했습니다. 그렇게 좋아하는 아내의 모습을 본 순간 나는 이제부터 매일 이렇게 할 것이라고 마음속으로 다짐을 했고, 오늘까지 두 달 동안이나 계속하고 있습니다.

지금은 매일 아침 출근할 때마다 아파트의 엘리베이터 안에서 만나는 사람들과 웃는 낯으로 아침 인사를 나누게 되었지요. 물론 수위 아저씨한테도 미소와 함께 다정한 아침 인사를 건네게 되었습니다. 지하철의 창구에서 거스름돈을 받을 때도 마찬가지였지요. 증권거래소에서 나의 웃는 얼굴을 한 번도 본 적이 없는 사람들에게도 미소로 대하게 되었습니다.

그러자 모두들 다정한 미소로 나를 반겨 주기 시작했습니다. 불평이나 말썽거리를 가져오는 사람에게도 나는 늘 명랑한 태도로 맞이하려고 노력합니다. 상대방이 잔뜩 화가 난 얼굴로 항의를 해도 내가 미소를 잃지 않고 상냥하게 대하면, 그 역시 분노를 누그러뜨리려고 노력하게 되므로 서로의 문제점을 해결하기가 한결 쉬워졌지요. 미소 덕분에 나의 수입도 두드러지게 증가했습니다.

나는 다른 중개인 한 사람과 사무실을 함께 사용하고 있는데, 그가 고용하고 있는 사무원 중에 호감이 가는 청년이 한 명 있었습니다. 며칠 전에는 우연히 그 청년과 이야기를 나누게 되었습니다. 그 청년이 나를 처음 보았을 때는 대단히 퉁명스러운 인상을 받았었지만, 인정미 넘치는 내 미소를 보고는 자신의 생각이 틀렸다는 것을 깨달았다고 고백하는 것이었습니다.

나는 미소를 짓는 것만으로 만족하지 않기로 결심했습니다. 될 수 있는 대로 다른 사람에 대한 비판이나 단점을 지적하지 않기로 하고, 대신 그 사람을 칭찬해 주기로 마음먹었습니다. 그러자 문자 그대로 나의 생활에 혁명적인 변화가 일어났습니다. 수입도 늘어나고 많은 친구들도 사귀게 된 것입니다. 나는 정말 행복합니다.

당신은 이 보고서를 쓴 사람이 뉴욕의 장외 증권거래소의 중개인이란 점을 염두에 두기 바란다. 뉴욕의 장외 주식중개인이라면 100명 중 99명이 적응에 실패할 정도로 힘든 직업이다. 그런데 이처럼 힘든 직업에 종사하면서 이러한 성과를 거둘 수 있었다는 것은 매우 뜻깊은 일이 아닐 수 없다.

미소를 지을 수 없을 경우에는 어떻게 하는 것이 좋은가? 우선 억지로라도 웃어본다. 혼자 있을 때에는 휘파람을 불거나 콧노래를 불러 흥을 돋우고, 스스로 주체할 수 없을 정도로 행복하다는 기분으로 행동해 본다. 그러면 정말 신기하게도 행복한 기분이 들 것이다.

하버드 대학의 교수였던 윌리엄 제임스가 이런 말을 했다.

'행동은 감정에 따라 일어나는 것처럼 보이지만 사실은 행동과 감정은 병행해서 일어난다. 그러나 행동의 경우, 의지에 따라서 직접적인 통제가 가능하지만 감정은 그렇지가 못하다. 행동을 조정함으로써 감정을 간접적으로 조정할 수는 있다. 그러므로 기분이 우울할 때 회복하는 최선의 방법은 일부러라도 쾌활한 척 행동하라는 것이다.'

사람들은 누구나 행복해지기를 원한다. 그러나 그 행복을 얻는 방법은 단 하나밖에 없다. 그 방법은 자기의 기분을 마음대로 움직일 수 있는 힘을 기르는 것이다.

행복이란 외적인 조건에 의해서 얻어지는 것이 아니라 자기의 마음가짐에 따라서 얻을 수도 있고 놓칠 수도 있기 때문이다. 행복이나 불행은 재산이나 지위 등에 따라서 결정되는 것이 아니다. '무엇을 행복이라고 생각하며 무엇을 불행이라고 생각하는가?' 라는 개개인의 사고방식에 따라서 행복과 불행은 나뉘어지는 것이다.

가령, 같은 곳에서 같은 일에 종사하는 두 사람이 있다고 생각해 보자. 이 두 사람은 비슷한 재산과 지위를 가졌음에도 불구하고 한 사람은 항상 행복해 보이는 반면, 다른 한 사람은 불행해 보이는 경우가 있다. 그것은 서로의 사고방식이 다르기 때문이다.

'사물에는 본래 좋고 나쁨이 없다. 단지 우리들의 생각에 따라 좋고 나쁨이 가려지는 것이다.'

이것은 셰익스피어의 명언이다. 누구나 알고 있는 진리라지만 그 진가를 알고 있는 사람은 드문 것이다.

시골에서 얼마 안 되는 하루 임금을 받기 위해서 온종일 땀을 흘리며 힘겹게 일하는 사람 중에 행복한 표정을 짓고 있는 사람을 볼 수 있는 반면, 대도시의 번화가를 걸어가면서도 행복한 표정을 짓고 있는 사람을 발견하기란 좀처럼 힘들다.

'인간이란 자신이 행복해지려는 열망의 크기에 따라 그만큼 행복해질 수가 있다.'

이것은 행복해지는 방법에 대한 링컨의 핵심을 찌른 명언이다. 이 말을 뒷받침해 줄 수 있는 실례가 하나 있다.

어느 날 30여 명의 지체부자유아들이 지팡이에 몸을 의지한 채로 땀을 뻘뻘 흘리면서 뉴욕의 롱아일랜드 지하철 계단을 올라가고 있었다. 심한 경우에는 보호자의 등에 업혀 계단을 오르는 소년도 있었다. 그런데 그 소년들의 표정이 한결같이 밝았기 때문에 보는 사람마다 조금은 의외라는 생각이 들었다. 그래서 그들을 인솔하는 사람에게 그들이 그렇게 즐거워하는 이유를 물어보았다. 그는 다음과 같이 대답해 주었다.

"일평생 부자유스럽게 지내야 하는 것을 깨닫게 되면 처음에는 마음의 충격을 받겠지요. 그렇지만 시간이 흐르면서 차차 그 충격에서 벗어나게 되고 대개는 자신의 운명을 받아들이게 됩니다. 그래서 이 아이들은 정상적인 아이들보다도 오히려 더 쾌활해질 수가 있게 되는 것이지요."

그 소년들의 태도에 고개가 숙여지는 것은 당연하다. 그들은 우리에게 일평생 잊을 수 없는 어떤 교훈을 주고 있는 것이다.

세인트 푸이스 카디널스 야구단의 유명한 3루수였으며, 현재는 미국에서 손꼽히는 보험회사의 유능한 외판원인 프랭클린 베트커의 성공담을 들어보기로 하자.

그는 '미소를 잃지 않는 사람은 어딜 가든 환영받는다.' 는 사실을 오래전에 터득하고 있었다. 그는 어떤 사람을 만나기 위해 그 방에 들어서기 전에 잠깐 멈춰 서는 버릇이 있었다. 그 자리에서 그는 상대방에게 감사해야 될 일을 생각해 낸다는 것이다. 그리하여 진심에서 우러나오는 미소를 짓게 되면 그 기분이 사라지기 전에 방으로 들어가는 습관을 길렀다고 한다. 그는 자신이 보험 외판원으로 대성공을 거둔 것도 이러한 간단한 테크닉 덕분이었다고 고백하고 있다.

그런 점에서 본다면 중국인은 참으로 현명하다. 만약 그게 아니면 처세에 특히 밝다고나 해야 할까? 중국의 격언 중에 이런 말이 있다.

'미소띤 얼굴을 지닐 수 없는 사람은 장사할 자격이 없다.'

참으로 지당한 말이 아닐 수 없다. 미소를 잃어버린 사람처럼 미소를 필요로 하는 사람은 없다. 사람들의 호감을 얻고 싶다면 당신도 미소 한 번이면 된다.

행복은 당신의 미소 속에 있다

아침 식탁에 앉으면서 아내에게 아침 인사를 건네고 미소를 짓자. 그러면 아내는 기뻐서 어쩔 줄 몰라할 것이다. 매일 아침 출근할 때마다 만나는 사람들과 웃는 낯으로 인사를 나누자. 그들도 기쁜 얼굴로 인사를 건넬 것이다. 한 번도 본 적이 없는 사람에게도 미소를 건네라. 그도 다정한 미소로 당신을 반겨 줄 것이다. 상대방이 잔뜩 화가 난 얼굴로 항의를 해도 내가 미소를 잃지 않고 상냥하게 대하면, 그 역시 분노를 누그러뜨리려고 노력하게 되므로 서로의 문제점을 해결하기가 한결 쉬울 것이다. 삶의 행복은 당신의 얼굴에서 결정된다.

대담하게,
그러나 지나치지 않게 행동하라

어딜 가나 무리하게 남을 밀어젖히고 앞으로 나가려는 사람들이 한둘은 있게 마련이다. 마지막 대열에 끼여 있다가도 갑자기 앞줄로 나가기 위해서 남이야 어떻게 되든지 상관없다는 듯 행동하는 사람들, 그리하여 그들은 맨 먼저 열차에 뛰어오른다. 물론 그들은, '인간이란 적극성을 가지고 있지 않으면 생존 경쟁에서 살아남지 못한다.'고 믿는 사람들이다.

이와 같은 사람들이 흔히 저지르기 쉬운 큰 잘못은 간혹 엉뚱한 곳으로 향하는 열차에 오르는 경우가 있다는 사실이다. 그러므로 이렇듯 무리하게 욕심부리는 사람들의 흉내를 내려고 해서는 곤란하다.

모든 일에는 순서가 있는 법이다. 자진해서 인생의 낙오자가 될 것까지는 없지만, 그렇다고 해서 이런 옳지 못한 수단으로 앞서나가려고 하는 것은 무모한 짓이다.

많은 사람들이 그것을 시도했지만, 많은 사람들이 실패를 해왔다. 단언하건대 인생의 정도를 걷는 자만이 성공할 수 있다.

:: 지나친 영양은 식물을 죽게 만든다

잡초를 제거하는 요령 중에는, 그것이 급속도로 성장하도록 영양분을 보급하는 방법이 있다. 그렇게 하면 잡초는 비정상적인 모습으로 자라서 곧 말라죽고 만다.

이것은 사람의 경우에도 해당되는 방법이다. 누군가를 한없이 교만하게 만들고 아무 데서나 어깨를 으쓱거리게 만든 다음 그들의 자아를 비대하게 만드는 것은, 곧 사회적 매장을 뜻한다. 그것은 잡초를 고사시키는 것만큼이나 빠르고 손쉬운 방법이다.

당신도 누군가가 당신을 자기모순에 빠지게 만들어 인생의 수렁으로 발을 헛디디게 하려는 계략이나 꾸미고 있지 않은가 경계해야 할 일이다. 당신의 자아를 지나치게 팽창시킨 나머지 파국에 빠지지 않도록 주의하라.

보브 그린은 연소득 1천 6백 달러밖에는 받지 못했던 가난한 교사였다. 그러나 얼마 후에 그가 건립한 건설 회사를 통해서 450만 달러의 돈을 벌게 되었다. 그는 급속한 상승의 길을 걸었다. 그가 이렇게 성공하게 된 것은 아주 사소한 일이 계기가 되었다.

어느 날 그는 부업으로 흙 나르기를 하여 1백 달러의 돈을 벌게 되었는데, 그것이 자신감을 가져다주는 동기가 되었다. 그는 중고품인 토양 운반차를 갖고도 훌륭하게 일을 끝낼 수 있었다는 자부심으로 내성적인 성격에서 대담한 인간으로 변했던 것이다.

버언 세르드라는 이름의 아이오와 주 출신의 농부는 낡은 차체를 이용한 동력삽을 만들었다. 대개의 농부가 그렇듯이, 그 또한 소극적이며 소심한 성격이었다. 그러나 그에게는 아이디어가 있었다. 지금 그는 적당히 대담한 성격으로 변했다. 성공이 자신감을 가져다준 것이다. 그는 현재 아이오와 주에서 연간 5백만 달러 규모의 동력삽 제조 회사를 경영하고 있다.

전진하라. 그러나 서둘러 발을 헛디디지 않도록 주의하라.

:: 부정적인 시각도 한 마디의 말로 바꿀 수 있다

처음에는 당신도 전화 받는 사람이 요금을 내는 콜렉트콜로 누군가와 통화한다는 것은 지나치게 무례한 짓이라고 생각할 것이다. 어떤 면에서는 그렇게 느껴지는 것이 당연할지도 모른다. 더구나 그것이 일본에서 걸려온 전화라면? 아마도 당신은 누가 어떤 이유로 전화를 걸어왔을까 하는 호기심부터 갖게 될 것이다.

얌전한 숙녀였던 마코스 푸우겔은 이것이야말로 사람의 재미있는 심리라고 생각했다. 푸우겔은 일본의 유학길에서 만난 '부라더미싱' 창업주인 야스이 일가와 친밀한 사이가 되었다. 그는 이 제품의 미국 판매망을 개척해 주겠다고 제의했다. 그리고 상담을 위해 미국의 메이커에 전화를 할 땐 콜렉트콜을 이용했다. 예상대로 많은 메이커들이 그 전화를 받아 주었고, 그중의 대부분이 이 대담한 학생의 주문을 승낙해 주었던 것이다.

25년 전에 폴 S. 암스트롱은 '오렌지를 마시자.'는 슬로건을 발명했다. 그 결과, 모든 것이 그가 기대한 대로 되었다. 한때는 사치품으로 간주되었던 오렌지가 건강을 돕는 과일로 알려지게 되었다. 그는 사람들의 오렌지에 대한 부정적 인식을 그 한 마디의 슬로건으로 완전히 뒤바꿔 놓은 것이다.

'머빈학'의 창시자 재크 머빈의 경우도 이와 비슷하다.

그는 처음부터 두 가지 단점을 가지고 있었다. 하나는 언어 장애였으며, 또 하나는 빈곤한 가정에서 태어났다는 사실이다. 그는 이 두 가지 단점을 가지고 텍사스 주 달라스 시에서 태어났다. 오늘날에 와서 그가 막대한 부를 거머쥐게 된 것은, 가난한 사람들에게도 석유 사업에 참가할 기회를 줄 수 있는 방법을 발견한 것이 계기가 되었다.

당신이 부자라면 석유 사업을 시작하는 것이 그렇게 어려운 일은 아니다. 어떤 부자가 그랬듯이, '자금을 제공했으면 가만히 기다렸다가 석유가 쏟아져 나와서 돈이 굴러 들어오기를 기다리면 되는' 것이다.

재크의 아버지는 화물 자동차의 연쇄점을 가지고 있었는데, 재크는 그곳에서 일하고 있었다. 어느 날 그는 '석유를 상품화시켜 보고 싶다.'는 생각을 하고는 그것을 실행했다. 가난한 사람들에게 어떤 유전의 연쇄점에 투자할 수 있는 상품을 개발한 것이다. 이를테면 그들의 저축을 장래성이 있는 유전에 분산시켜서 투자하는 것이다.

　이렇게 되면 설사 하나의 유전에서 실패한다 하더라도 동시에 파고 있는 여덟, 아홉, 열 개의 유전 가운데 몇몇은 성공의 확률이 아주 없다고는 할 수 없었다. 아홉 개의 유전에 투자를 분산시키는 것은 있는 돈을 모두 하나의 유전에다 쏟아버리는 것과는 달리, 한꺼번에 벼락부자가 되지는 못하겠지만 손해를 보는 일은 거의 없을 터였다.

　만약 그것이 성공하지 못한다 하더라도 그들에게는 몇몇 군데 남은 유전에 아직도 희망이 있다. '펼쳐 놓은 망'의 어딘가에서 석유가 나올 기회는 있는 것이다.

　재크의 슬로건은 매우 이채로운 내용이었다. 이 대담한 사나이가 거처하는 방의 벽에는 이런 표어가 붙어 있었다.

　장소를 표시하라.
　파는 일꾼을 선택하라.

신에게 기도하라.

…… 그리고 파 보아라!

:: 적극적이고도 대담하게 행동하라

대담해진다는 것은 어렵게 생각하지 않는 것이다.

'매사에 대담해져라. 그러나 그것으로 인해 당신의 자아까지 교만해져서는 안 된다.'

이것은 캔사스 시의 H. D. 리 회사의 선전 부장을 지냈던 보브 에드거톤의 현명한 충고이다.

그들은 일명 '카우보이 바지'라고 불리는 청바지 사업으로 의류 업계에 첫발을 들여놓았다. 그러나 한 가지 품목에만 만족하지 않고 계속해서 품목을 넓혀가고 있다. 그들은 이제 잡화 사업에까지 진출하여 목장에서 일하는 멋쟁이들이 착용하는 '장화와 안장'을 상품으로 추가시킨 것이다.

보브는 이런 말을 했다.

"결국은 진짜 카우보이보다 멋쟁이 카우보이가 숫자적으로 훨씬 많단 말이지. 우리는 대담하게 이 시장에 파고들기로 했지."

그들이 성취시킨 또 하나의 대담한 수법은, 일반적인 슬랙스를 대자연 속으로 파고들고 싶어 하는 미국인의 욕망에 호응하기 위해서 '뒤뜰 슬랙스'라고 선전한 것이다. 당신 집의 뒤뜰에 있는 대자연이라는 셈이다.

리셀 콘베르 박사는 '당신 집 뒤뜰에서 다이아몬드를 찾아라.' 라고 말했다. 보브는 같은 뒤뜰에서 청바지의 판매로를 찾은 것이다.

소심했던 보브는 적극적인 성격으로 변했다. 그는 대담하다. 그는 내성적인 성격과 지나치게 소극적이었던 사업 전략을 적극적으로 변화시켰지만, 그렇다고 상식의 한계를 벗어난 것은 아니었다.

대담하게 행동하라, 그러나 지나쳐서는 안 된다.

:: 당신은 중요한 것을 가질 수도 있다

재크 머빈의 아이디어를 빌려 엘머는 대담학이라는 말을 만들었다. 그것은 당신 자신의 생명의 샘을 파는 것과 같지만, 동시에 그것이 많은 대인 관계의 연결고리가 되는 셈이다.

하나의 샘을 파는데, 아니면 하나의 우정을 추구하는 일에 있어서 지나치게 적극적인 자세로 임하는 것도 어떤 면에서는 당신을 퇴보하게 만드는 것이다.

적극적이되 함부로 덤벼서는 곤란하다.

당신은 '당신의 약점을 전환시켜 그것을 장점으로 할 수' 도 있는 사람이다. 당신은 '언제나 무엇인가를 말할 수 있는 중요한 것을 가질 수' 도 있으며, 당신이 앉아 있는 인생의 어두운 구석에다 모든 사람의 시선을 돌리게 할 수도 있다.

또한 당신은 석유 상인인 머빈이 자신의 영역과 자신의 굴착기를 주의 깊게 선택한 것처럼, '자신의 무기와 자신의 영역'을 갖고 있는 사람이다.

자, 이제 자신감을 갖고 사람들 앞으로 나서기 전에 이 한 마디를 다시 한 번 떠올려 보라.

'당신의 부족한 면을 정면에서 직시하라.'

대담하게 행동하라,
그러나 지나쳐서는 안 된다

무리하게 남을 밀어젖히고 앞으로 나가려는 사람들이 있다. 그들은 맨 먼저 열차에 뛰어오른다. 적극성을 가지고 있지 않으면 생존 경쟁에서 살아남지 못한다고 믿는 사람들이다. 그러나 그들은 간혹 엉뚱한 곳으로 향하는 열차에 오르는 잘못을 저지르기 쉽다는 사실을 명심하라.

4

상대방에게

강요하지 말고 설득하라

내성적인 사람에게도
이점이 있다

당신은 조용하고 만사에 신중을 기하는 사람에 지나지 않을지도 모른다. 사람들은 그것을 소심하다고 잘못 생각하고 있는 것이다.

당신은 어쩌면 내성적인 사람일지도 모른다. 그럼에도 당신은 틀림없이 누군가 어느 한 사람에 대해서는 상냥한 태도를 취할 수가 있을 것이다. 그는 다름 아닌 당신의 연인이다.

여성이란 만약 상대가 자신에게 친절하다면 그가 얼마나 내성적인가에 관계없이 자기보다 두 배나 연상인 남성과의 결혼도 불사하려는 경향이 있다. 여성이 남성에게 가장 바라는 것은 대개 친절과 관용과 이해, 그리고 기지와 유머 따위의 사소한 것들이다.

어째서 우리가 알고 있는 유명한 여배우가 자기 나이의 두 배나 연상인 남자와 결혼하여 일생의 행복을 얻고 있는가 하는 것도 바로 그런 이유인 것이다.

젊은 사람들은 이 사실을 무심코 지나쳐 버리는 경우가 많다. 그들은 저돌적인 프러포즈, 배짱, 쾌활 등으로 상냥함을 위장하려고 하지만, 그렇게 해서는 결혼 생활이 오래 지속될 리가 없다.

당신이 내성적인 사람이라면 하나의 장점을 갖고 있는 셈이다. 당신은 상냥한 사람일 가능성이 많기 때문이다. 당신은 상대방의 발을 밟지 않도록 주의할 것이다.

대개의 사람들은 여성들이 터프하고 강한 남자를 좋아한다고 생각할지 모르지만, 실제로는 대부분의 여성들이 상냥한 남자들에게 호감을 갖고 있다. 만약 여성의 마음을 사로잡고 싶다면 다음 규칙을 채택해 보라고 권하고 싶다.

'좀 더 부드럽게 상냥하게.'

히틀러나 무솔리니, 시저와 같은 독재자들마저도 언제나 여성들에게는 상냥하게 굴었다. 조세핀이 무엇 때문에 나폴레옹의 황후가 되었으며, 헨리 8세가 어떻게 해서 그렇게 수많은 아내를 가졌는지에 대한 비결은 바로 상냥함에 있었다.

아무리 억센 성격의 남자들도 문제가 여성에 미치면 완전히 상황이 달라진다. 그들도 자기가 사랑하는 여자에게는 철저히 관용을 베풀 줄 알았기 때문에 그녀들 입장에서도 남편이 새벽 세 시가 넘어 휘청거리며 집으로 돌아와도 불평 없이 살아갈 수 있게 되는 것이다. 버나드 쇼는 닥치는 대로 남을 공격했으나 자신의 아내에게만큼은 지나칠 정도로 신경을 썼다.

간혹 우리 주변에는 부잣집 사모님이 자기 집 고용인이나 남편의 어릴 때 친구와 마음이 맞아 바람이 나는 경우가 있다. 남편은 돈 많은 부자였다. 그러나 상대방은 예의, 배려, 주의, 상냥함을 지닌 마음의 부자였다. 아내는 이것을 돈보다 높이 샀던 것이다.

"남편은 저에게 친절 이외의 것은 모두 사 주었습니다."

지금도 이렇게 말하는 '팔자 좋은' 이혼녀들은 얼마든지 있다.

당신은 비록 성난 사자처럼 용감하고 저돌적인 타입이 아닐지도 모르지만, 여성에 대해서만큼은 누구보다 이상적인 남자일 수도 있다. 즉 당신은 선천적인 소극성을 부드럽고 상냥하며 친절한 성격으로 이용할 수 있는 조건을 갖춘 것이다. 클라크 케이블도 영화 속에서는 늘 강압적인 이미지였으나, 자기 집의 거실에 있을 때는 더없이 상냥한 남자였다고 한다.

여성의 사랑을 얻기 위해서 반드시 큰 부자일 필요는 없다. 필요한 것은 상냥함이다. 한 봉지의 과자나, 혹은 한 다발의 값싼 꽃다발이라 할지라도 부인의 마음은 아프리카에서 있었던 당신의 위기에 찬 모험담을 들을 때보다 훨씬 강력하게 사로잡히는 법이다.

그러나 속임수의 애정은 곧 드러나고 만다. 당신의 애정은 머릿속에서 나온 것이 아니라 마음속에서 나오는 것이어야 한다. 그녀는 자신의 힘으로도 자동차나 케이크나 집 따위는 살 수가 있으리

라. 그러나 상냥한 사나이는 돈으로 살 수 없는 것이다.

내성적인 성격은 흔히 비겁한 것으로 생각되기 쉽겠지만 그것은 잘못된 생각이다. 당신은 단지 조용하고 사려 깊은 남자일 뿐이다.

:: 항상 마음으로 말하라

머리로써가 아니라 마음으로 이야기하는 방법을 익히면 내성적인 성격도 자신에게 유리하도록 이용할 수 있다. 그것은 당신의 수줍은 듯한 부드러운 목소리가 이성이 아니라 감정에서 나온 것임을 알리는 것이다.

"내가 이야기를 해도 주의를 기울여 주는 사람은 아무도 없습니다."

대개의 내성적인 사람들은 흔히 이렇게 말하는데, 그것은 그들의 목소리에 표정이 없고 단조롭기 때문일 것이다. 높게, 혹은 낮게, 그리고 부드럽게 말하는 방법을 배워라. 당신의 목소리가 상대방에게 흥미 있게 들리도록 하라. 무엇인가를 말할 때는 상대방 모르게 잠시 귀 뒤에다 손을 대고 자신의 목소리를 들어 보도록 하라. 그 목소리가 아무런 표정 없이 들리는가? 아니면 사람의 마음을 자극하는 음성으로 들리는가?

설사 사소한 것을 말할 경우라도 자기만의 색깔로 흥미롭게, 유쾌하게, 재미있게 이야기하도록 노력하라. 이럴 땐 특히 목소리에 생기가 감돌아야 한다. 겁에 질린 듯한 힘없는 목소리는 심각한 마이너스 요인이다.

링컨은 머리가 아니라 마음에서 우러나온 목소리로 이야기했다. 그것 때문에 오늘날에 와서도 이 말이 여전히 살아 있다. 링컨은 내성적인 사람이었다. 소년 시절에는 지나칠 정도로 말이 없었다고 한다. 그런 그가 역사에 길이 남는 명 연설가 소리를 듣게 된 것은 분명하고 진심에 찬 그 말솜씨 때문이었다.

똑같은 말도 상대방의 마음을 떠보는 말투로 느껴지는 게 있고 벅찬 감동의 표현으로 느껴지는 경우가 있다. 가령 '그게 정말입니까?' 하는 말도 말하는 사람의 태도나 말투에 따라서 여러 가지 감정의 차이를 나타낼 수 있다.

'모든 것은 당신이 어떻게 말하는가에 달려 있다.'

담뱃가게의 포스터에 그려져 있는 인디언 추장은 결코 담배를 팔지 못한다. 왜냐하면 그의 미소는 아무리 부드러워도 결코 목소리를 낼 수가 없기 때문이다. 이 그림이 할 수 있는 일이란 당신을 가게에 다가서게 하는 것뿐이다. 거기에는 밝고 낭랑한 담뱃가게 아가씨의 목소리가 기다리고 있다. 아가씨가 '이것이 훨씬 향기가 좋습니다.' 라면서 당신이 즐겨 피우던 담배 대신 값비싼 담배를 권해도 당신은 싫다는 말 한 마디 못 하고 지갑을 열게 될 것이다.

항상 자신의 목소리와 그 톤에 유의하라. 거울 앞에서 부드러운 발성법을 연습하라. 당신의 인기를 더하는 데 도움이 될 것이다. 프랭클린 루스벨트 대통령은 목소리가 지니는 효용성에 대해서 잘 알고 있었다. 그는 때로는 낮게 말을 했다. 어떤 문구, 어떤 말은 몇 번이나 되풀이하기도 했다.

그가 '친애하는 국민 여러분!' 이라고 다정하게 속삭이던 말은 전파를 통해 언제나 미국 전역에 친숙하게 울려 퍼졌다. 그러나 기억해 두기 바란다. 지난날의 그는 자신의 목소리가 좋지 않다는 핸디캡 때문에 지나치게 내성적이었다는 사실을.

:: 시선 관리에 유의하라

내성적이고 소심한 사람은 상대방의 눈을 정면으로 바라보지 못하는 경우가 많다. 지나치게 부끄러움을 타는 것이다. 그들은 상대방의 발치를 보거나 창 쪽을 보면서 말한다. 또한 방 안의 엉뚱한 곳을 보면서 이야기하기도 한다. 이와 같은 태도는 그들을 대도시에 처음 내린 시골 사람처럼 어리숙하게 보이게 한다.

구태여 상대방을 노려볼 것까지는 없지만 상대방의 코 언저리 아니면 턱 언저리에 시선을 두고 상대방의 행동을 지켜보라. 상대방의 눈을 정면으로 응시하는 것은 쌍방을 곤란에 빠뜨리는 경우가 간혹 있다. 서로 눈싸움에서 이겨보려고 하기 때문이다. 쓸데없는 신경전을 그만두고 상대방의 이마 또는 턱에다 시선을 돌려보라. 그런 후에 미소를 짓는 것이다. 상대방과 만나는 순간만큼은 자신이 내성적인 성격임을 잊도록 하라.

어떤 심리학자는 우리의 모든 행동이 스스로 쾌감을 느끼기 위한 것이라고 주장한다. 다른 사람에게 쾌감을 주는 일을 할 경우에도 결과적으로 자기 자신의 쾌감을 얻기 위한 이기적인 행동이라는 것이다.

차 한 대를 살 수 있는 돈을 기분 좋게 희사하는 자선가는 표면적으로는 이타심에 의한 것처럼 보이지만, 엄밀히 따져보면 꼭 그런 것만도 아니다. 만약 남에게 주는 쾌감이 그 자신에게도 쾌감을 가져다주는 것이라면, 그가 정말 남을 위해서만 적선한다고 말할 수가 있을까?

간혹 고통에 대한 공포도 우리의 행동을 부채질하는 경우가 있다. 우리가 양치질을 하는 것은 그것이 쾌감을 주기 때문만이 아니라, 충치를 두려워하기 때문이다. 또한 치과 의사에게 가서 고통을 겪지 않기 위해서인 것이다. 이 사실을 이해한다면 내성적인 사람은 그것을 이용하여 상대방에게 쾌감을 줄 수 있는 방법을 찾아낼 수 있을 것이다.

열등감에 사로잡힌 상대방이 당신에게 열을 올리고 있을 때는 수줍음 따위는 고개를 쳐들지 못하는 법이다. 그러므로 상대방에게 열등감의 고통에서 벗어나게 함으로써 쾌감을 제공한다면 분위기가 한결 부드러워질 것이다.

당신은 그들의 관심을 당신에게 돌릴 수 있는 방법을 배워야 한다. 그렇게 하면 드디어 당신 자신과 상대방이 내성적인 성격이 아니라는 것을 알게 될 것이다. 당신은 누군가에게 인사를 먼저 건네는 일에서도 쾌감을 얻을 수가 있다. 지금 당장이라도 좋으니까 '이 수프 아주 맛있군요.' 라고 말해 보라. 곧장 식당 종업원의 얼굴이 밝게 빛나고, 당신에게 호감을 나타내게 될 것이다.

상대방의 장점 가운데 특히 뛰어난 점 하나를 지적하여 그것을 당신이 알고 있음을 상대에게 전하도록 하라. 당신이 누군가를 행복하게 해 주면 그는 당신을 행복하게 해 준다.

요약하면 이렇다. 당신은 친구들과 큰소리를 치며 논쟁 따위를 하지 않으니까 자신은 비겁자라고 생각할지도 모른다. 당신은 뒤쪽에 부끄러운 듯이 앉아 있을지도 모른다. 그러나 이것은 비겁한 것이 아니다. 조용하고 온순한 태도일 뿐이다.

간혹 이런 점이 오해를 받는 것이다. 그러므로 항상 가슴을 펴고 다니도록 하라.

환심을 사도록 인사를 하라. 그리하여 여자 친구(혹은 사업상의 고객 등)를 사로잡아야겠다고 생각한다면, 좀 더 상냥하게 대해 보라. 당신은 내성적인 성격에서 벗어나기 위하여 보다 많은 친구가 필요하지 않는가? 항상 재미있는 일, 기쁨으로 둘러싸이고 싶다고 생각하지 않는가? 자존심을 자극하고 정신에 활기를 주며, 좀 더 남의 인정을 받고 싶다고 생각하지 않는가?

그렇다면 다음과 같은 대화의 간단한 법칙을 실행하라. 10초 동안 이야기하고 10분쯤 듣도록 하라!

항상 마음으로 말하라

높게, 혹은 낮게, 그리고 부드럽게 말하는 방법을 배워라. 당신의 목소리가 상대방에게 흥미 있게 들리도록 하라. 무엇인가를 말할 때는 상대방 모르게 잠시 귀 뒤에다 손을 대고 자신의 목소리를 들어보도록 하라.

당신의 장점을
멋있게 알려라

구태여 허풍이나 떨고 걸음걸이에서부터 말하는 방법에 이르기까지 수다스럽기만 한 작자들의 편을 들려는 것은 아니다. 단지 당신의 재능을 너무나 오래도록 숨겨 두는 것에 찬성하지 않을 뿐이다. 왜냐하면 다른 사람들은 여간해서 당신의 재능을 발견하려고 하지 않기 때문이다. 소심한 사람은 자신의 가치를 짐짓 점잖은 인격 속에 숨기는 일이 많다.

여기에 특별한 재능을 가진 남자가 있다. 그러나 그는 지나칠 정도로 신중하고 내성적이며 소심하기까지 해서 허풍은 물론 조금이라도 자기를 내세울 줄 모르는 인물이다.

상사나 고객, 친구들에게 적어도 자신의 능력을 알게 하는 자랑의 나팔을 한두 번 불어대는 것도 좋을 텐데……. 지나치게 겸손하다는 것은 지나치게 교만한 것과 마찬가지로 어리석은 일이다.

루스벨트 대통령도 이런 말을 했다.

'자신의 탄환이 명중했는가를 확인하라.'

이 말은 선천적인 소심자를 위해서는 안성맞춤격인 말이다. 대개 성공은 좋은 평판에서 생긴다. 그러나 당신이 좋은 평판을 얻을 만한 자격이 있다고 하더라도 한두 명의 상사를 제외하고는 대체 누가 그것을 안단 말인가? 당신 장점을 세상이 다 알아야 하는 것이다. 왜냐하면 당신의 목표는 그 작은 사무실보다는 더 넓은 데 있을 테니까…….

당신은 어떤 기술, 지식, 능력을 가졌다는 평판을 얻기 위해서 곧잘 해왔다. 이번에는 인생의 가장자리에 숨죽인 채 앉아 있는 미미한 존재인 당신이 세상의 주의를 끌게 하기 위한 좀 더 포괄적인 작업을 멋있게 해 볼 차례다.

당신 자신을 사회로 밀어내라. 당신이 큰 인물이라는 것을 세상에 널리 선포하기 위해서 구태여 정치가들처럼 강당이나 밴드를 동원할 필요까지는 없다. 그러나 당신이 여기에 있다는 것을 알리기 위해서 하다못해 자기만의 목소리를 내보내야 할 필요는 있다는 것이다. 그렇다고 해서 당신에게 일 년 내내 '나'라는 말을 소리 높여 외치고 다니라는 뜻은 결코 아니다. 다만 당신의 장점 리스트를 남들의 기억 속에 확실하게 심어 줄 수 있는 몇 가지 노력을 하라는 것이다.

이런 경우, '자신의 입으로 자신의 이야기를 말하라.'고 하는 것은 사업의 세계에서도 그렇지만 사교적인 목적에서도 꼭 필요한 방법이다. 당신의 능력을 남에게 말할 때는 지나치게 겸손해서도 안 되지만 반대로 지나친 과장도 좋지 않다.

당신의 장점을 뚜렷하게, 멋있게, 정직하게 말하라. 그리하여 당신의 이야기를 상대방의 뇌리에 기록으로 남을 수 있도록 하는 것이다. 그렇다고 해서 어제는 도박에서 얼마를 땄느니, 오늘은 얼마짜리의 주문을 받았느니 점심시간에 누구의 식사 대접을 받았느니 하는 것을 여기저기 떠벌리라는 것은 아니다.

불과 몇 마디의 핵심적인 말이 당신의 성공에 결부되는 것이다. 꼭 필요한 몇 마디만 이야기하라. 지나쳐서는 안 된다.

∷ 상대방을 홍보 요원이 되게 하라

서부 영화의 영웅 버팔로 빌은 우리가 흔히 알고 있는 군인들보다 뛰어나게 총을 잘 쏘는 것도 아니었다. 그러나 그는 사격의 명수라는 것을 온 세상에 선전했다. 사실 그보다는 한 통속 작가에게 발탁되어 소설과 영화로 이름을 알리게 된 것이 명성의 직접적인 방아쇠가 되었다.

만약 다른 사람들이 당신을 위해 홍보 요원이 될 수만 있다면, 당신이 직접 말하는 것보다 훨씬 효과적이다. 매니지먼트 회사의 목적이 그것이다. 당신의 아내, 남편, 상사, 동료 등 모든 사람이 당신의 매니저 역할을 해낼 수가 있다.

토미 도우시는 프랑크 시나트라를 세계적으로 홍보해 주었다. 재크 카안스는 재크 텐프시를 선전했다. 코로넬 파커는 엘비스 프레슬리를 세계적인 가수로 홍보하는 데 결정적인 역할을 했다.

당신이 최상급의 홍보 요원을 찾고 있다면 누구를 택할 것인가? 아마도 당신은 가장 많은 사람들이 존경할 수 있는 인물을 택하게 될 것이다. 그 사람의 권위로 인해 당신은 더욱 좋은 평판을 얻게 되는 것이다.

핵심적인 말이 성공에 결부된다

당신의 장점 리스트를 남들의 기억 속에 확실하게 심어 줄 수 있는 몇 가지 노력을 하라.

당신의 장점을 뚜렷하게, 멋있게, 정직하게 말하라. 당신의 이야기를 상대방의 뇌리에 기록으로 남을 수 있도록 하는 것이다.

상대방의 이름을 기억한다는 것은
'성공의 다이아몬드'를
손에 쥐는 것이다

당신은 선천적으로 기억력이 나쁜 사람은 아니다. 어떤 면에서 당신은 일부러 기억이 흐려지도록 방치하고 있는지도 모른다. 기묘하게 들릴지 모르지만 사실은 그렇지가 않다. 당신은 여태껏 만난 사람들, 그중에서도 최근에 한두 번 부딪쳤을 뿐인 상대방의 이름을 얼마나 기억하고 있는가?

아마도 당신은 '기억력이 좋지 않기 때문에' 그 많은 이름들을 잊어버렸을지도 모른다. 사실 기억력이 좋지 않은 것은 당신이 상대방의 이름을 기억하는 일을 소홀히 여겼기 때문에 생기는 것이다.

그것이 아니라면 당신이 별 신경을 쓰지 않았기 때문에, 기억하는 능력을 잃어버리게 된 것이다. 마치 운동선수가 훈련을 게을리했기 때문에 근육의 조절 능력을 잃어버린 것처럼.

이런 주장에 대한 가장 좋은 실험 방법이 하나 있다. 가령 내성적인 청년에게 아름다운 금발의 숙녀를 소개시켜 주고 이틀 정도 지난 후에 그녀의 이름을 한 번 물어보라. 그는 그녀의 이름을 정확히 기억하고 있을 것이다. 그는 숙녀의 이름을 기억하려고 애썼기 때문이다. 그러나 대개의 경우, 그는 다른 것을 기억하는 데는 별 관심이 없다. 무관심 때문에, 그것은 그의 기억 근육에 거의 아무런 인상도 주지 않고 곧 사라져 버리게 된다.

어떤 세일즈맨은 한 걸음 한 걸음 절차 밟기를 게을리했기 때문에 상품 설명을 하면서도 요점을 잊고 만다. 그 결과 마음의 안정을 잃어 미흡한 세일즈밖에는 할 수 없다는 결론이 나온다.

만약 당신이 상대방의 이름을 확실하게 외우는 방법을 알고 싶다면, 다음 세 가지 '속성 코스'를 확실하게 실행하라.

〈규칙 1〉 이름을 물어라!

대다수의 소심한 사람들에게 볼 수 있는 문제점은, 상대방이 이름을 말해도 실제로는 '잘 듣지 않고 있다.'는 것이다. 그저 우물거리는 입 모양만을 보고 있을 뿐이다.

첫인상만큼이나 중요한 이름을 듣지 않는 사람이 상대방에 대해서 무엇을 알 수 있단 말인가? 만약 잘 듣지 못했다면 다시 한 번 물어도 실례가 되는 것은 아니다. 오히려 그것은 당신의 적극적인 관심을 나타내는 것으로 해석될 수 있다. 전혀 미안해할 것없이 이렇게 말하라.

"실례합니다만, 이름을 잘 듣지 못해서……."

상대방의 확실한 이름을 외워 익혀라.

〈규칙 2〉 이름을 되풀이하라!

일단 이름을 들었으면 이번에는 그 이름을 되풀이하라. 그것은 당시의 기억 근육에 강한 인상을 남기게 된다. 내성적인 사람들은 상대방의 이름을 알아낸 뒤에도 이렇게 되풀이하지 않는 경우가 아주 많다. 되풀이하는 대신 그들은 이렇게 말한다.

"옳은 말씀입니다."

"그렇고말고요, 마담."

그것보다는 이렇게 말해야 할 것이다.

"옳은 말씀입니다, 피클위스터 씨!"

"그렇고말고요, 헨리치 부인."

〈규칙 3〉 이름과 결부시켜 연상하라!

상대방의 이름에 어떤 이미지를 결부시켜 연상한다. 특히 당치도 않은 상황과 그 이름을 결부시켜 연상함으로써 당신의 기억 근육에 한층 더 깊게 새겨놓을 수 있다.

'피클위스터 씨, 식료품 공장에서 피클을 포장하는 사람.'

'헨리치 부인, 자나 깨나 수다스러운 헨(암탉).'

이것이 이름을 기억하는 가장 확실한 방법이다. 내성적인 사람은 누군가를 만났을 때 그 이름을 기억하지 못한다는 사실만으로도 한층 더 내성적으로 되기 쉽다. 그는 민망한 나머지 상대를 자꾸 피하고 싶어지는 것이다.

당신도 어떤 사람을 만나 그 이름을 기억하지 못하고 있다면 대화에 곤란을 느낄 게 분명하다. 기분도 우울해지고 자신에게 건망증이 생긴 건 아닐까 해서 초조해지고 결국은 그 상황 자체가 짜증스러워지는 것이다. 이름을 소개받았으면 성의껏 외워라. 당장 기억나지 않더라도 주저하지 말고 용기 있게 다시 한 번 물어보라. 그리하여 확실하게 외웠다면 상대방이 듣는 앞에서 가급적 여러 번 되풀이하라.

이 세 가지 원칙만 익힐 수 있다면, 당신은 상대방의 이름이라는 '성공의 다이아몬드'를 손에 쥔 것이나 다름없다.

상대방의 이름을 확실히 외워 익혀라

첫인상만큼이나 중요한 이름을 듣지 않는 사람이 상대방에 대해서 무엇을 알 수 있단 말인가? 이름을 물어라! 그리고 그 이름을 되풀이하라. 상대방의 이름에 어떤 이미지를 결부시켜 연상하라.

확실하지 않은 이야기는
피하도록 하라

사람들이 대화를 할 때 볼 수 있는 두 가지 큰 과오가 있다.

첫째, 장소에 어울리지 않게 썰렁한 이야기를 하는 것.

둘째, 고리타분하고 짜증나는 이야기를 하는 것.

이야기를 나눌 때는 때와 장소를 가릴 줄 알아야 한다. 남의 장
례식에 가서 지나친 농담을 한다거나 여성들이 많이 모인 자리에
서 음담패설을 늘어놓는 것은 예의에 어긋나는 일이다.

여기 또 하나의 경고가 있다.

'의심이 가는 이야기는 피하도록 하라.'

이것은 특히 판매 회의 같은 특수한 대화의 자리를 위한 적절한
충고라고 하겠다. 흔히 출장이나 세일즈맨 모임에서는 그런 사람
들이 좋아할 만한 이야기가 따로 있는 것처럼 생각하는 경향이
있다.

어떤 자리든 깔끔한 이야기를 해야 한다. 부인들이 없는 자리라고 해도 그 자리에 있는 사람은 버젓한 신사들이라는 것을 잊어서는 안 된다. 당신이 예의도 없이 불결한 이야기나 하고 다니는 사람으로 알려져서는 안 된다.

상대방을 즐겁게 하는 것은 좋은 일이다. 그들을 웃기는 것도 좋다. 그러나 그 이야기는 깨끗한 것이어야 한다. 그리고 특히 주의해야 할 점은, 농담을 할 경우 특정 개인을 지명하여 그 사람의 이야기를 해서는 안 된다는 것이다. 누구든 그 자리에 참석한 사람을 지목해서 웃음거리로 만드는 농담이 되지 않도록 조심하라. 차라리 자기 자신을 농담의 소재로 삼아라. 그렇게 되면 사람들도 당신과 함께 웃기는 하지만, 결코 당신 자신을 비웃지는 않을 것이다.

상대방의 아내라든가, 남편을 농담의 대상으로 삼는 것도 몹시 위험한 발상이다. 그런 것을 하면 상대방을 노하게 할 뿐이다. 그것은 당신의 내성적인 성격을 고치는 데도 아무런 도움이 되지 않는다. 그런 농담은 당신의 열등감을 그들에게 전가시키는 비겁한 짓이 될 수도 있다.

농담에도 예의가 있다는 사실을 기억하라. 에디슨은 그 자리에 없는 사람에 대해서는 농담이라도 절대로 해서는 안 된다는 것을 경고한 바 있다. 당신이 자리를 비운 후, 그 자리에 모였던 다른 사람들이 당신에 관한 농담을 한다면 기분이 어떨 것인가?

어쨌거나 남에게 상처를 줄 만한 농담은 하지 않는 것이 좋다. 끝으로 만약 당신이 친구를 기분 좋게 만들고 싶다면, 농담할 때 그에 관한 일로 웃지 말고 그와 함께 웃도록 하라는 것이다.

'인간이라는 것은 웃음거리가 되기보다는 뺨을 얻어맞는 편이 참기가 수월하다.'

웃음이 필요한 자리일수록 이 말을 항상 기억하라.

농담에도 예의가 있다

그 자리에 없는 사람에 대해서는 농담이라도 절대로 해서는 안 된다. 당신이 자리를 비운 후, 그 자리에 모였던 다른 사람들이 당신에 관한 농담을 한다면 기분이 어떨 것인가?

장점으로
열등함을 상쇄시켜라

　당신은 많은 점에서 다른 사람보다 뛰어난 데가 있으며, 그 밖의 점에서는 조금 뒤지고 있다고 하자. 마찬가지로 다른 사람도 많은 점에서 당신보다 뛰어나나, 다른 면에서는 조금 뒤떨어진 면이 있을 것이다.

　사람이란 누구나 어떤 점에서는 풍요하며, 어떤 면에서는 부족하다는 것을 깨달아야 한다. 우리 모두 어떤 문제에 대해서는 무식하지만, 다른 문제에 대해서는 전문가이다. 가령 일반인을 상대로 한 '퀴즈쇼'의 정답자를 보라. 반드시 고등 교육을 받은 부자들만 상을 받는 것은 아니다.

　그들 가운데는 군인도 있으며, 구둣방 직공도 있다. 더구나 고등 교육을 받은 인텔리라든가 부잣집 아들, 화려한 사교계의 부인 따위는 좀처럼 찾아볼 수가 없다. 그들은 가난한 사람들이지만, 어떤 문제에 대해서는 풍부한 지식을 지녔다. 당신도 한 가지 문제에 대해서는 풍요해지라는 것이다.

구둣방 직공이 음식물에 관한 문제를 하나에서 열까지 다 알아 맞히는 일 따위는 결코 없을 것이다. 농부는 야구에 관한 질문에는 곤란을 느낄 수밖에 없다. 당신은 직장 상사에 관해서라면 무엇이든 알고 있다. 그러나 야구에 대해서는 무엇 하나 아는 것이 없을 수도 있다.

먼저 자신에 관해서 잘 생각해 보라. 당신이 남들보다 뛰어난 점을 발견하라. 그리하여 그 방면으로 밀고 나가라는 것이다. 만약 당신이 잘 알지 못하는 법률 이야기가 화제에 올랐다면, '나는 법률에 관해서는 아는 것이 없습니다.'라고 그 자리에서 인정하라. 그리고 이렇게 덧붙여야 한다. '그러나 프로 복싱에 관한 것이라면 자신이 있습니다.'

당신도 어느 한 부분에 관해서는 뛰어난 점이 있다는 것을 거리낌없이 선전하라.

:: 좋아하는 일에 정신을 집중시키자

케이트 어베크 양은 도자기 인형을 만드는 데 뛰어난 소질을 가졌다. 그녀는 다른 분야에서는 내세울 게 없었으나, 인형을 만들고 그것을 장식하는 데는 자랑할 만한 재주가 있었다. 그녀의 동양 인형은 캘리포니아뿐만 아니라 전 세계적으로 선풍적인 인기를 모았다.

그녀는 이렇게 말한다.

"성공이란 정의의 문제라고 생각합니다. 저는 당신이 얼마나 많은 돈을 가졌든 직업적인 면에서 불행하다면, 조금도 부러워하지 않겠습니다."

그녀는 일을 정말 즐기고 있는 경우에만 정녕 성공이 있다고 생각하는 것이다. 만약 당신이 좋아서 하는 일이라면 열등감 때문에 낙담에 잠길 여유가 없을 것이다.

케이트는 이런 말도 했다.

"성공을 발견하는 최선의 방법은 자기가 가장 좋아하는 일에 정신을 집중시키는 것이라고 생각합니다."

당신이 거기에 대해서 할 수 있는 모든 것을 기울여라. 그리고 그 지식과 기술에 새로운 무엇인가를 보충하라는 것이다.

:: 다른 사람의 능력을 인정하라

내성적인 사람은 자신을 올바르게 측정하려고 하지 않고 한없이 비하시키려는 경향이 있기 때문에 점점 더 자신의 껍질 속에 틀어박히게 되고, 그 결과 더 소심하고 내성적으로 변해 가는 일이 허다하다.

인간의 위대성이라는 것은 반드시 남의 기록을 깨뜨리는 능력이라든가, 다른 사람보다 더 많은 돈을 버는 능력 등에 의해서 측정할 수 있는 것은 아니다.

어떤 이상을 위해 자신의 야심을 조절하는 데 성공한 사람은 만족감 속에서 보다 감미로운 성공의 기쁨을 맛보게 되는 것이다.

부루크린 로저스의 강타자였던 듀크 스나이더는 자신이 한 시즌에 60개의 홈런을 날린 베이브 루스의 기록을 깨뜨릴 만한 유망주라고 신문에 보도됐을 때 이렇게 말했다.

"나는 베이브 루스의 기록은 그 누구도 깨뜨려서는 안 된다고 생각합니다. 루스는 야구와 야구인에게는 신 이상의 존재니까요."

듀크는 야구 선수라는 입장을 떠나서도 훌륭한 인간이었다.

말이 나온 김에 베이브 루스에 관해서 한 마디 하자면, 현역 시절 그는 홈런을 날린 기록보다 삼진 아웃으로 퇴장당한 기록이 훨씬 많았다.

∷ 기회는 우리 주변에 있다

당신의 발목을 묶어 놓고 있는 말뚝으로부터 당신을 해방시키는 방법을 찾게 된다면, 내성적인 성격과 소심증을 극복할 수 있다.

자크 하드론은 센트루이스 근교의 작은 읍에서 살고 있었다. 그는 대단히 내성적이었다. 남에게 자랑할 만한 세속적인 장점은 아무것도 가지지 못한 그런 유형의 사나이였다.

자크의 직업은 세일즈맨이었다. 그는 상품뿐만이 아니라 자기 자신도 선전하고 다녔다. 그 결과, 지금에 와서는 네 개의 도시에서 세탁소와 철물점 등 다섯 개의 점포를 번창시키고 있다.

그의 성공 비결은 다음과 같다.

상인에게 무엇인가를 팔려고 갔다가 그 상인이 돈 때문에 고심하고 있다는 것을 알게 됐을 때, 그는 자신을 공동의 경영자로 삼아 주면 원조를 하겠다고 제의했다. 그리하여 그는 사업 규모를 날로 확대해 갈 수 있었던 것이다.

캔자스 시의 근교에 살고 있는 헨리 람손 부인도 한때 미용사로 일을 하고 있었으나 좀처럼 가난을 벗어나지 못했다.

어느 날 그녀는 하루 종일 병석에 누운 채로 지내야 하는 부인을 알게 되었다. 람손 부인은 그날 이후로 세상에는 어떤 새로운 직업이 필요하다는 사실을 발견했다. '출장 미용' 사업이 바로 그것이었다. 그것은 주로 질병이나 신체적 장애가 있는 여성들을 위한 신종 서비스업이었다. 그녀는 이 일로 대단한 성공을 이루었다.

이 편리한 '미용 사업' 덕택으로 그녀는 뭇사람들의 기쁨을 사고 충분한 보수도 받고 있다.

기회는 생각지도 못했던 순간에 문을 두드리는 법이다. 당신의 주위를 살펴보라. 당신의 뒤뜰이나 침실, 부엌에 당신이 해결할 수 있는 문제가 있을지 모른다. 이웃 사람과 같은 고급 차를 사야겠다, 같은 평수의 집에서 살아야겠다, 똑같이 훌륭한 옷을 입어야겠다는 생각 따위는 버려라. 다른 사람과 경쟁을 하거나 비교하려는 것은 당신을 낮추는 결과밖에는 가져오지 못한다. 자아를 정립시키고 경쟁의식에서 벗어나기 위한 원칙이 하나 있다.

'당신의 뛰어난 점을 선전하라.'

성공을 발견하는 최선의 방법

성공을 발견하는 최선의 방법은 자기가 좋아하는 일에 정신을 집중시키는 것이다. 당신이 거기에 대해서 할 수 있는 모든 것을 기울여라. 그리고 지식과 기술에 새로운 무엇인가를 보충하라.

상대방의 이야기를
끝까지 경청하라

사업을 성공적으로 이끌 수 있는 비결 중 하나는 상대방의 말을 끝까지 들어 주는 것이다. 찰스 W. 엘리엇의 말에도 이런 명언이 있다.

'사업을 성공적으로 이끄는 별다른 비결은 없다. 무엇보다도 당신에게 이야기하고 있는 사람에게 전적으로 주의를 기울이는 것이 가장 중요하다. 이것보다 더 효과적인 사업의 비결은 없다.'

명언이 아닐 수 없다.

어떤 사람이 비싼 터를 빌려서 진열장을 꾸미고 물건을 잔뜩 들여 놓은 뒤 수백 달러를 투자하여 선전을 하고 가게를 열었다. 처음엔 그럭저럭 손님들이 몰려왔다. 그런데 얼마 안 되어 손님들이 줄어들기 시작했다. 주인은 왜 손님이 줄어드는지 그 이유를 모른다. 완벽하게 모든 것을 다 갖춰 놨는데 어째서 매상이 자꾸만 줄어드는 것인가? 주인은 영문을 몰라 어리둥절해 하지만 그 이유는 간단한 데 있다. 즉, 손님들의 말에 귀를 기울일 줄 아는 소양 있는 점원이 없기 때문에 사람들의 발길이 갈수록 뜸해졌던 것이다.

그럼 JC. 우든의 경험을 예로 들어보자. 그는 뉴저지 주의 뉴어시에 위치한 어떤 백화점에서 양복을 한 벌 샀다. 그러나 그는 곧 집에 돌아가자마자 크게 실망을 하고 말았다. 새로 산 양복을 세탁했더니 물감이 빠져 색이 바랜 것처럼 돼 버렸기 때문이었다.

그는 그 양복을 가지고 백화점으로 달려갔다. 그리고 처음 그 물건을 팔았던 점원에게 상황을 있는 그대로 설명했다. 이번에도 그는 곧 말문이 막혀 버렸다. 점원이 볼멘소리로 이렇게 항의를 했기 때문이었다.

"절대 그럴 리가 없습니다. 우리는 이런 것과 똑같은 양복을 수천 벌이나 팔았는데도 이렇게 트집을 잡는 경우는 이번이 처음이란 말입니다."

시비를 거는 듯한 점원의 말에 그는 화가 치밀어 올랐다.

"뭐라구요? 그럼 내가 거짓말을 했다는 겁니까?"

"그러지 않고서야 멀쩡한 양복이 그렇게 될 리가 있나요? 저희들한테 모두 뒤집어씌울 심산이잖아요? 다른 사람은 아무 말 없는데 손님만 왜 그러세요?"

그들이 한창 언쟁을 하고 있을 때, 다른 점원 하나가 끼어들었다.

"이 양복은 처음에는 조금씩 물이 빠지는데 그건 어쩔 도리가 없어요. 그 값으로는 그런 양복밖에 살 수 없거든요."

그는 그 점원의 말을 듣고는 화가 절정에 이르렀다. 한 점원은 그의 정직성을 의심했고, 또 다른 점원은 그가 산 물건이 싸구려 양복이기 때문에 어쩔 수 없다는 것이었다. 그는 너무 화가 나서 양복을 바닥에 던져 버리려고 했다. 마침 그때 다투는 소리를 듣고 그 백화점의 책임자가 그들 사이에 나타났다. 그리고 그 책임자가 어떤 방법을 사용했는지 알아보기로 하자.

첫째, 그는 우든의 불만을 처음부터 끝까지 한 마디의 대꾸도 없이 들어 주었다.

둘째, 우든의 이야기가 끝나자, 점원들은 자신들의 행동에 대해서 변명을 하고 일을 무마시키려고 했지만, 그는 그 점원들을 상대로 오히려 우든의 입장을 두둔하고 나섰다. 그는 우든이 산 양복에서 물이 빠진다는 사실을 지적했고, 믿을 수 있는 백화점이라면 손님을 만족시켜 주지 못하는 물건은 절대로 팔아서는 안 된다는 말까지 덧붙였다.

셋째, 그는 점원의 무례함과 질이 나쁜 물건을 판매한 것에 대해서 정중히 사과하고 우든이 요구하는 대로 일을 처리하겠다고 했다.

몇 분 전까지만 해도 그 양복을 바꿀 생각이었던 우든은 책임자의 말을 듣고 생각을 바꿨다.

"물이 빠지는 상태가 일시적인 것인지, 달리 무슨 방법은 없는지 알고 싶습니다. 일시적이고 색이 아주 변하지 않는다면 그냥 입을 수도 있는 일이니까……."

백화점 책임자는 우든의 말에 그렇다면 1주일만 더 입어볼 것을 권했다. 그때 가서도 만족스럽지 못하면 다른 것과 바꿔 주거나 환불해 주겠다는 약속이었다.

우든은 흡족한 마음으로 그 백화점을 나왔다. 그리고 1주일이 지났다. 우든이 보기에 그 양복에 더 이상의 하자는 없는 것처럼 느껴졌다. 결국 그 백화점에 대한 우든의 믿음은 완전히 회복되었다.

한 번은 카네기가 브리지(트럼프 놀이의 일종) 게임에 초대받아 친구의 집을 방문한 적이 있었다. 그러나 아쉽게도 그는 브리지 게임을 할 줄 몰랐다. 결국 꿔다 놓은 보릿자루처럼 우두커니 앉아 구경만 하는 처량한 신세가 되었다. 그런데 손님 가운데는 다행스럽게도 그처럼 브리지 게임을 할 줄 모르는 어떤 금발의 부인이 있어서 몇 마디 대화를 나눌 수 있게 되었다.

"카네기 씨는 여러 나라를 여행하셨다는데 재미있는 경험도 많으셨겠네요. 여행하면서 겪었던 이야기를 들려주세요. 참 재미있을 것 같은데……."

그가 유럽의 여러 곳을 여행했었다는 사실을 전해듣고 그녀는
이런 부탁을 했던 것이다.

"네, 얼마 전까지만 해도 틈이 나면 여행을 하곤 했었는데
……."

그가 목청을 가다듬고 이야기를 시작하는데, 갑자기 그녀가 그
의 말을 끊었다.

"그러세요? 저도 여행을 좋아한답니다. 시간이 없어서 자주 가
지는 못하지만 이번에 큰맘 먹고 아프리카에 다녀왔어요."

그녀는 부부가 함께 최근에 아프리카 여행으로부터 돌아왔다는
사실을 알려 주었다.

"아프리카에 다녀오셨나요? 참 좋으셨겠습니다. 저도 아프리카
를 한 번 여행해 보는 게 소원이었거든요. 알제리에는 가본 적이
있지만 고작 24시간 정도만 머물렀다 돌아왔기 때문에 안 가본 것
이나 다름없는 셈이지요. 부럽습니다. 아프리카에 가셨던 이야기
를 좀 들려주시겠습니까?"

그후 45분 동안 그녀는 상대방에게 어디에 갔으며, 무엇을 보았
는지에 대해서 두 번 다시 물어보지 않았다. 그녀는 상대방의 여
행에 관한 이야기를 듣고 싶었던 것이 아니라, 자신의 여행담을
들어 줄 상대를 기다렸던 것이다. 그녀는 이날 자신의 이기심을

마음껏 드러내며 그동안 자랑하고 싶었던 것을 끝도 없이 늘어놓았다.

　카네기가 뉴욕의 출판인인 J. W. 그린버그가 베푼 만찬회에 참석했을 때의 일이다. 그는 그곳에서 저명한 식물학자를 만났다. 그 전까지만 해도 그는 식물학자와 이야기를 나눠본 적이 없었기 때문에 식물에 관한 학자의 해박한 지식에 매료되고 말았다.

　그는 의자에 앉아서 양귀비와 인도의 대마, 또는 감자에 얽힌 놀라운 사실들과 화초에 관한 이야기를 하고 있었다. 그리고 그 자신도 작은 실내 정원을 하나 가지고 있다는 사실을 알려 주었다.

　학자는 평소 카네기가 궁금하게 생각하고 있던 화초에 대한 몇 가지 의문점들을 쉽게 설명해 주기도 했다. 학자의 얘기가 얼마나 재미있었던지 카네기는 10여 명이 동석해 있는 만찬회 석상에서 실례가 되는 줄 알면서도 그 식물학자와 몇 시간 동안이나 대화를 나누었다.

　만찬회는 자정이 다 되어서야 끝이 났다. 그때 그 식물학자가 주인에게 카네기를 칭찬하며 '이야기를 참 재미있게 하는 사람'이라고 추켜세우는 것이었다.

　그가 이야기를 재미있게 하는 사람이라고? 도대체 그가 무슨 말을 했던가? 식물에 관해서 아는 것이라곤 전혀 없었기 때문에 화제를 다른 것으로 바꾸지 않는 이상 말하고 싶어도 한 마디도 제대로 할 수 없었던 카네기가 아닌가? 그렇다면 그 식물학자는 왜 그에게 그런 칭찬을 했던 것일까?

조금만 생각하면 그에 대한 결론은 쉽게 내릴 수 있다. 상대방의 말에 귀를 기울여 준다는 것은 상대방에게 보여 줄 수 있는 최고의 경의인 것이다. 그리고 카네기는 그 식물학자의 말에 열심히 귀를 기울였다. 그 이유는 이야기가 정말로 흥미로웠기 때문이다.

그 학자 또한 카네기가 열심히 자신의 이야기에 귀를 기울이고 있다는 사실을 인식했기 때문에 흡족한 기분을 갖게 되었다. 그렇기 때문에 그들이 보낸 시간들이 조금도 지루하게 느껴지지 않았고, 또 그 때문에 카네기가 '이야기를 재미있게 하는 사람'이라고 생각되었던 것이다.

어떤 일에 있어 혹독한 반대자가 과격한 비평가나 성난 코브라처럼 바짝 독이 올라 독설을 퍼붓는다면 상황이 어떻게 될 것인가? 그들이 체내의 독소를 뱉어내는 동안, 그 말에 귀를 기울일 줄 아는 너그러운 경청자가 있다면 아마도 그들의 분노는 억제되고 상황이 훨씬 부드러워질 것이다.

일례로 뉴욕 전화회사는 가장 불평이 심한 어떤 고객으로 인해 시달림을 당하고 있었다. 그 고객은 교환수들에게 악담을 퍼부었으며 자신에게 청구되는 전화요금도 부당하게 청구되었기 때문에 결코 지불하지 못하겠다고 버텼다.

그리고 여러 신문 지상을 통해 전화회사의 부당함을 투고하는가 하면 공익위원회에 청원서를 제출했고, 전화회사를 상대로 몇 건의 소송도 제기했다.

마침내 전화회사는 이 극성스런 방해자를 달래기 위해 해결사를 파견했다. 그 해결사는 방해자의 집으로 찾아가서 조용히 그의 불평에 귀를 기울였다. 그리고 이 능수능란한 해결사는 가끔씩 그의 불평에 동조하며 기분을 맞춰 주기도 했다.

"그는 얼굴이 시뻘개진 채 자신의 불만을 토로했고, 나는 거의 3시간 동안이나 가만히 그가 하는 이야기를 듣고만 있었습니다."

그 해결사는 당시의 경험을 이렇게 설명했다.

"그 후로도 나는 분노로 가득 찬 그 사람의 이야기를 몇 번이나 더 들어야만 했습니다. 심지어는 그의 집에 네 번째 방문했을 때, 나는 그가 창설한 '전화요금 지불자 보호협회'에 가입하기도 했습니다. 나는 지금까지도 그 협회의 회원입니다. 그런데 내가 알기로는 이 지구상에서 그 협회의 회원은 그 사람과 나밖에 없을 겁니다. 시간이 지날수록 그와 나는 조금씩 친해졌습니다. 내가 그의 불평불만을 모두 경청하는 가운데 동정적인 태도를 취했기 때문에 그의 적개심은 조금씩 사라져 갔습니다. 그런데 어느 날,

그는 체불된 전화요금을 모두 지불했을 뿐만 아니라 가입자와 전화회사와의 분규 사건 사상 최초로 공정위원회에 제출되었던 그의 청원을 아무런 조건 없이 취하했습니다."

그 사람은 이전까지만 해도 전화회사의 악랄한 착취로부터 대중의 권익을 보호하는 성스러운 구세군의 한 사람으로 자처하고 있었다. 그는 자기 자신의 중요성을 확인하고 싶었던 것이다. 그러므로 우선 반발하고 불평함으로써 어느 정도 목적을 달성할 수 있었던 것인데, 전화회사로부터 이러한 욕구를 적극적으로 해소할 수 있게 되자 그가 가공으로 만들어 놓았던 불만도 사라져 버렸던 것이다.

데이먼 방직회사의 창립자인 주리언 F. 데트먼의 예를 들어보자.

몇 해 전 어느 날 아침이었다. 잔뜩 독이 오른 거래처 사장이 시카고에 있는 데트먼의 사무실 문을 거칠게 열고 들어섰다. 그는 뉴욕에 있는 양복지 판매회사 사장으로 데트먼 회사의 주요 고객 중 한 사람이었다. 사무실 안으로 들어선 그는 데트먼을 보자마자 앞으로 데트먼 방직회사로부터 양복지를 구입하지 않겠다고 소리치기 시작했다.

데트먼으로서는 뜻밖의 사태가 아닐 수 없었다. 그들은 일단 그를 진정시켜 자리에 앉힌 뒤 그의 불만을 듣기로 했다. 그 거래처 사장은 흥분한 목소리로 자신의 불만을 토로하기 시작했다. 데트먼은 그 중간중간 변명을 하고 싶은 충동을 느꼈지만 곧 생각을 바꾸었다. 그것이 좋지 못한 태도인 것을 알고 있었기 때문이다. 그는 일단 참을성을 가지고 그 말을 끝까지 귀담아 들었다.

상대는 데트먼 회사의 경리로부터 한 통의 지불청구서를 받고 나서 그렇게 흥분한 것이었다. 문제의 청구서는 15달러가 체불되었으니 속히 지불해 달라는 내용이었다. 그는 신용을 제일로 삼고 있었기 때문에 지금까지 물건을 구입하고 체불한 적이 한 번도 없었다. 그러므로 처음에는 단순한 사무 착오일 것이라고 생각했다는 것이다. 그러나 여러 차례의 독촉장을 받고는 은근히 화가 치밀어 영업부에 항의 전화를 걸었다. 그런데 영업부 직원의 불친절에 화가 치밀어 뉴욕에서 시카고까지 달려온 것이었다.

그의 말이 모두 끝난 후 데트먼은 조용히 입을 열었다.

"사장님께서 저희들의 잘못을 지적해 주시기 위해 시카고까지 몸소 찾아오신 것에 대해서 먼저 감사를 드립니다. 그리고 사장님께 뭐라고 용서를 빌어야 할지 모르겠습니다. 우리 회사의 경리부 직원이 사장님 같은 분을 언짢게 할 정도면 다른 고객들 역시 사장님과 마찬가지로 화나게 만들었을 것이 분명합니다. 제가 직원들을 똑바로 교육하지 못해 사장님께서 피해를 입으셨다니 정말 죄송합니다."

상대는 이 말이 데트먼의 입을 통해서 나오는 마지막 말이 되도록 하고 싶었으나, 데트먼이 먼저 선수를 친 것이었다. 기대에 어긋난 그는 약간 실망한 기색을 보였다.

그가 시카고로 올 때는 자신이 데트먼 회사의 잘못을 꼬집고 따지기 시작하면 데트먼도 대항할 것이라고 기대하며 단단히 벼르고 있었던 것이다. 그런데 막상 데트먼이 자신의 잘못을 순순히 시인하자 맥이 빠져 버린 것이다. 또한 데트먼은 경리부원들이 수천 권의 장부를 다루다 보니 고의가 아닌 사무 착오로 잘못을 저지를 수가 있었을 것이라며 용서와 이해를 구한 뒤에, 잘못 기재된 15달러는 취소시킬 것을 그에게 약속했다.

그리고 데트먼 자신도 그와 똑같은 대접을 다른 회사로부터 받았다면 마찬가지로 화가 났을 것이라며 자신의 입장을 밝힌 후, 그가 더 이상 데트먼 회사의 양복지를 구입하지 않겠다는 결심을 굳혔다면 다른 방직회사를 추천해 주겠다고 말했다. 또 데트먼은 그가 시카고에 물건을 구입하러 올 때마다 같이 점심 식사를 했던 일을 상기시키며 그날도 점심을 같이 하자고 청했다.

그는 내키지 않는 기색으로 데트먼의 청을 수락했다. 그러나 점심 식사를 마치고 다시 데트먼의 사무실로 돌아온 그는 엄청난 양의 양복지를 주문했다. 그리고 예전처럼 서로 좋은 관계를 유지하고 싶다는 뜻을 밝히고는 기분 좋은 얼굴로 돌아갔다.

며칠 후 15달러와 함께 사과 편지가 들어 있는 우편물이 데트먼 앞으로 배달되었다. 뉴욕으로 돌아간 뒤 우연히 청구서 철을 뒤적거리다가 15달러짜리 물품 구입서를 발견했다는 것이다. 그 후 그 거래처 사장은 데트먼과는 아주 절친한 친구가 되었으며 아들을 낳게 되자 데트먼이라는 이름을 붙여 주었다.

네덜란드에서 미국으로 이민을 온 에드워드 보크라는 소년은 학교 수업이 끝난 후마다 1주일에 50센트를 벌기 위해 빵가게 유리창을 닦는가 하면, 매일 망태기를 들고 거리로 나가서 석탄 운반차가 흘리고 간 탄 부스러기를 주워모아 파는 것으로 집안의 생계를 도왔다.

그는 공부하기를 무척 좋아했지만 워낙 집이 가난했기 때문에 간신히 초등학교만 졸업한 뒤 진학을 포기해야만 했었다. 그러한 사람이 나중에 미국 언론 사상 가장 성공한 편집장 중의 한 사람이 되었다. 도대체 초등학교 졸업이 그의 학력의 전부인 그가 무슨 수로 언론사의 편집장이 될 수 있었는지 한 번 알아보기로 하자.

13세에 초등학교를 졸업한 뒤 그는 웨스턴 유니언 회사에 입사하여 주급 6달러 5센트를 받는 사환이 되었다. 그러나 공부를 포기한 것은 아니었다. 그는 독학을 했으며 교통비와 점심값을 모아서 《미국 전기사전》을 구입했다. 그리고 틈나는 대로 명사들의 전기를 읽어가며 자신의 궁금증을 명사들에게 편지로 써서 보냈다.

그는 당시 대통령 입후보자인 제임스 A. 가필드에게 편지를 띄워 그가 예인선의 선원으로 일했던 것이 사실인가를 물었다. 가필드는 이에 대한 답장을 보내 주었다. 또한 그는 그랜트 장군에게도 편지를 보내 장군이 참여했던 어떤 전쟁에 관해서 질문을 던졌다. 그랜트 장군이 이 소년을 저녁 식사에 초대하여 그 전쟁에 관해서 자세한 이야기를 들려주기도 했다.

그는 이 밖에도 에머슨, 필립스, 브루크스, 올리버, 웬델, 홈즈, 롱펠로, 에이브러햄 링컨 여사, 루이저 메이 엘코트, 셔먼 장군, 데이비스 등 여러 유명 인사들과 교신을 주고받는 사이가 되었다.

그러나 그는 이들 저명 인사들과 교신만을 나누는 단순한 관계에 만족하지 않았다. 그는 이들의 귀한 손님으로 초대되었고, 이런 경험들이 그로 하여금 자신감을 불러일으켜 주었다. 그리하여 이러한 만남이 그의 인생을 변화시켰던 것이다. 그가 이렇게 될 수 있었던 것은 상대방에게 흥미를 가지고 그 이야기에 귀를 기울일 줄 알았기 때문에 가능한 일이었다.

아이작 F. 마코슨은 탁월한 기자로서 수많은 사람들과 인터뷰를 가진 바 있었다. 그런데 그의 경험에 의하면 상대방에게 좋은 인상을 주지 못하는 주된 이유가 상대방의 말을 주의 깊게 듣지 않기 때문이라는 것이다.

"사람들은 다음에 해야 할 자기 말에만 너무나 신경을 쓰기 때문에 상대방의 말을 소홀히 듣게 되는 것이다. 그러나 사람들은 말을 잘하는 상대보다는 말을 잘 들어 주는 상대를 더 좋아하는 법이다."

아쉽게도 이 세상에는 상대방의 말을 잘 들어 주는 사람이 그리 흔한 것 같지 않다. 그래서 많은 사람들은 자신의 말을 들어 줄 사람을 구하지 못해 정신과 의사를 찾기까지 하는 것이다.

남북전쟁이 일어나기 전, 링컨은 일리노이 주의 스프링킬드에 있는 한 친구에게 문제가 생겼다며 급히 워싱턴을 방문해 달라고 요청했다. 링컨의 연락을 받은 그 친구는 서둘러 백악관을 방문했다.

링컨은 몇 시간에 걸쳐 '노예해방선언'을 발표하는 데 따르는 문제점에 관하여 그에게 설명했다. 그리고 노예해방을 망설이는 자들을 비난했는가 하면, 노예해방을 비난하는 각종 서한과 신문 기사들을 읽어 주었다. 몇 시간 동안 혼자서만 이야기하던 링컨은 그 친구의 의견은 물어보지도 않은 채 작별 인사를 했다.

"이야기를 하고 난 뒤 그는 아주 마음이 편안해진 것처럼 보였습니다."

그 친구의 말이다. 링컨은 이때 충고를 원했던 게 아니었다. 그는 자신의 고민을 들어 주고 함께 걱정해 줄 친구가 필요했던 것이다. 누구나 그렇다. 당신도 무언가 고민에 빠져 있을 땐, 당신의 불만을 열심히 들어 주는 친구를 원하게 될 것이다.

모든 사람들이 당신과 만나기를 꺼려하고 등 뒤에서 조소하며 경멸하도록 만드는 방법을 알고 싶다면 여기에 그 비결이 있다.

첫째, 상대방이 하는 말을 건성으로 듣는다.

둘째, 자기 자신만 일방적으로 떠든다.

셋째, 상대방이 말하는 도중이라도, 어떤 생각이 떠오르면 자신의 생각을 거침없이 말한다.

어떤 사람은 '무엇 때문에 쓸데없는 잔소리를 듣기 위해 아까운 시간을 낭비해야 하는가?'라고 말할 것이다. 이런 부류의 사람을 주변에서도 흔히 볼 수 있다. 그들은 자기 자신만을 소중히 생각하며 자기만이 중요한 인물이라고 생각하는 이기적인 사람들이다. 불행하게도 이런 사람들은 어디에나 있다. 더욱 놀라운 것은 그들 중 몇 사람은 누구나 알 만한 지도층 인사라는 사실이다.

말을 잘하는 사람이 되려면 다음의 원칙을 따라야 한다.

첫째, 상대방의 말을 귀담아 듣는 사람이 되어야 한다.

둘째, 상대방이 쉽게 대답할 수 있는 것을 질문하라.

셋째, 상대방이 자신을 자랑할 수 있도록 유도하라.

넷째, 상대방의 관심은 오직 자기 자신에게만 집중되어 있다는 사실을 상기하라. 상대방의 치통은 1백만 명이 아사한 중국의 기근보다도 심각하며, 그의 목에 생긴 종기는 아프리카에서 일어난 40번의 지진보다도 커다란 관심의 대상인 것처럼 행동하라.

다섯째, 내가 이야기할 차례는 그 다음이라는 걸 기억하라.

상대방의 말에 귀를 기울인다는 것은 당신이 보여 줄 수 있는 최고의 경의이다

상대방에게 좋은 인상을 주지 못하는 주된 이유가 상대방의 말을 주의 깊게 듣지 않기 때문이다. 사람들은 다음에 해야 할 자기 말에만 너무나 신경을 쓰기 때문에 상대방의 말을 소홀히 듣게 되는 것이다. 그러나 사람들은 말을 잘하는 상대보다는 말을 잘 들어 주는 상대를 좋아한다. 사업을 성공적으로 이끄는 별다른 비결은 없다. 무엇보다도 당신에게 이야기하고 있는 사람에게 전적으로 주의를 기울이는 것이 가장 중요하다. 이것보다 더 효과적인 사업의 비결은 없다는 걸 명심하라.

강요하지 말고
설득하라

"물론 그럴지도 모르겠습니다……."

검사들이 즐겨 쓰는 논법이다.

'그렇습니다, 그러나…….'는 일반적인 토론의 경우에 상대방을 공격하는 말을 하더라도 친구를 잃지 않고 토론을 당신의 생각대로 진행시킬 수 있는 훌륭한 말이다.

우리 모두 토론에는 실패해도 친구를 잃어서는 안 된다.

이것이 동서고금을 통하여 변함없는 진리이다. 우리는 그 누구를 막론하고 상대방에게 지고 싶어 하지 않는다. 이기고 싶다는 것은 우리 모두가 선천적으로 지닌 욕구이기 때문이다.

토론에서 이기는 하나의 방법은 상대방의 주장을 표면상으로는 인정하고 '상대방의 체면을 세워 주는 데' 있다. 그렇게 하면 상대방을 전면적으로 이긴 것은 아니지만, 부분적으로는 이겼다고 생각하게 된다. '그렇습니다, 그러나…….'는 토론에 전체적으로 이긴 것은 당신이지만 상대방에게 부분적인 승리감을 안겨 줌으로써, 호의를 잃어버리지 않는 하나의 방법이다.

누군가가 '이 의견에는 찬성하십니까?' 하고 묻거든 당장 이렇게 말하라.

'네, 당신의 주장은 옳습니다. 그러나……'

그리하여 상대방을 자신이 생각하고 있는 쪽으로 끌어들여야 한다. 세일즈맨들은 오랜 세월을 두고 이 방식을 익혀왔다.

소심한 사람도 이것을 이용하여 남의 생각을 지배할 수 있게 된다. 일반적으로 내성적인 사람은 공격형이 아니다. 상대방에게 틀렸다는 말을 하기가 어쩐지 거북하기 때문이다.

그들은 토론을 격화시켜 상대방과 한바탕 겨루기보다는 곧잘 '그렇습니다. 그 말씀이 옳습니다.' 라고 수긍하는 쪽이 무난하다고 생각하는 것이다.

입씨름을 싫어하는 것은 호감을 사는 태도이기는 하지만, 그렇게 함으로써 당신은 언뜻 줏대가 없는 사람으로 비쳐지기 십상이다. 당신이 얼빠진 사람이 아니라 입씨름 따위는 피해갈 만큼 현명한 사람이라는 것을 상대방에게 보여 주기 위하여 때로는 실력을 과시할 필요가 있다.

그 방법은 일단 찬성을 하고 곧 그 뒤에 반대의 뜻을 덧붙이라는 것이다. 이럴 때 당신이 찬성했다는 이유로 상대방은 기분이 좋아진다. 그 결과, 당신이 하는 말도 솔직하게 들어보자는 심정이 되는 것이다. 이야기를 다시 제자리로 돌려놓을 수 있는 시점도 바로 이때다.

'사소한 면에서는 양보를 하고, 중요한 면은 끝까지 지켜라.'

이 아이디어는 극히 간단한 것이다. 즉 이야기의 본론과 무관한 것 같은 문제에 있어서는 일단 찬성을 함으로써 상대방에게 승리감을 안겨 주라는 것이다.

"다른 점에서는 전적으로 찬성합니다만, 이것 한 가지만큼은 내 주장이 틀리지 않았다고 생각합니다. 이 점에 대해서는 가급적 동의해 주시지 않겠습니까?"

상대방은 딱하게도 여러 가지 면에서 당신을 완전히 설득시켰다고 생각하고 있으므로, 그중 어느 한 가지쯤을(알고 보면 그것이 가장 중요한 문제인데도) 당신이 갑자기 찬성을 요구해도 차마 거절하지는 못할 것이다.

그는 마치 선심이라도 쓰듯 이렇게 말할 것이다.

"그런 점에서는 당신의 말이 옳을지도 모르겠군요."

물론 그 자신도 마음속으로는 이야기가 약간 이상하게 돌아간다고 생각할지도 모르지만…….

:: 사소한 것은 일단 양보하라

수에즈 분쟁이 일어났을 때, 어떤 세일즈맨이 석유를 구입하기 위해 석유 사무국으로 찾아갔다. 그는 온갖 방법을 동원하여 휘발유를 조금이라도 더 확보하려고 했으나 일이 순조롭게 풀리지 않았다. 당시 영국 정부는 모든 국민들에게 석유 구입량의 한도를 정해 놓았기 때문이다.

어느 순간 그에게 한 가지 아이디어가 머리를 스쳐갔다.

그는 위원회로 다시 찾아가서 이렇게 말하였다.

"그런데 휘발유를 절약해야 한다는 점에 대해서는 나도 의견을 같이합니다."

사무관은 머리를 끄덕였다.

"특권이 주어지면 그것을 악용하는 사람이 있다는 것도 옳은 말씀이십니다."

그는 계속해서 덧붙였다.

사무관은 그가 몇 가지 이야기를 꺼낼 때마다 사실이 그렇다는 표정으로 호의적인 인상을 지었다. 그는 사무관의 입에서 몇 차례나 '그렇습니다.' 라는 말이 나오도록 해 놓고 갑자기 이렇게 파고들었다.

"그러나 당신은, 제약회사의 대표자는 다른 일반 시민에 비해서 휘발유를 좀 더 받을 권리가 있다는 사실도 알고 계시겠죠?"

사무관은 얼떨결에 그 말에 찬동을 하게 되었다. 상대방은 지금 '제약회사의 대표' 자격으로 휘발유의 할당을 바라는 것이다.

무조건 할당량을 높게 책정해 달라고 떼쓰던 조금 전의 '세일즈맨'과 '제약회사 대표'는 뭔가 엄청난 자격상의 차이가 있는 것 같았다. 그리하여 말을 교묘하게 바꿔 상대방을 설득시킨 이 세일즈맨은 자기가 원하는 것을 얻을 수 있었다.

:: 중요한 것은 물고 늘어져라

세일즈맨들이 이용하고 있는 또 하나의 훌륭한 설득 방법이 있다. 이를테면 '중요한 점에서 타결'하는 방법이라고 불리는 것인데, 다음의 사례를 통해서 설명해 보기로 하겠다.

그것은 앞에서 예로 든 세일즈맨의 경우와 거의 같은 것이지만 좀 더 고난도의 설득이 필요할 때 주로 쓰이는 방법이다.

가령 골프장의 새 클럽하우스를 짓는 문제를 두고 의견 대립이 벌어졌다. 이럴 때 당신은 건축 담당자로서 어떻게 그를 설득해야 할 것인가?

"그렇다면 새 클럽하우스를 반대하는 가장 확실한 이유는 회비가 오를 거라는 염려 때문이지요? 그렇지요?"

상대방은 '그렇다.'고 대답할 것이다. 당신은 지금까지 위치라든가 경비, 건축물의 형태 등에 관한 사소한 반대에는 모든 것을 동의해 왔다. 사실 상대방의 의견에도 일리가 있었다. 그러나 어떻게 해서든 클럽하우스를 짓는 문제에 있어서만큼은 상대방의 동의가 필요하다.

당신은 여러 가지 잡다한 점에 대해서는 대폭 수긍하고, 당신의 요구 사항을 간단하게 획득하기 위하여 한 가지 중대한 점에 대해서 물고 넘어지려고 생각하고 있는 것이다. 그리하여 당신은 상대방의 중요하고도 큰 문제점을 발견했다. 당신은 상대방에게 그것이 그에게는 큰 불만이라는 것을 이해시켰다.

그 점을 강조하여 상대방에게 몇 번이나 다짐을 했다. 그리하여 당신은 다시 이렇게 말한다.

"결과적으로 그것이 클럽하우스를 반대하는 당신의 제일 큰 불만이라면, 만약 그것이 해결될 경우엔 합의가 이루어지겠군요?"

상대방은 당신이 말하는 그대로 회비 인상이 못마땅하다는 것이 이유였으므로, 만약 그 점이 해결된다면 합의가 가능할 것이라고 동의한다.

이제 당신에게 남겨진 문제는 그 반대로 대답하는 것뿐이다. 당신은 원래부터 거기에 대한 답은 가지고 있었다. 그러나 만약 당신이, 먼저 상대방의 동의를 받아내지 않고 경솔하게 그 답을 들고 나온다면, 그는 또다시 몇 가지 반대의 이유를 들고 나올 것이다.

그러나 당신은 좀 더 현명했다. 당신은 하나의 큰 문제점에 상대방을 못 박아 둔 것이다. 당신이 만약 이 큰 문제점을 해결해 줄 수 있다면, 상대방의 동의를 확보한 것이나 마찬가지이다.

예를 들면, 당신은 이런 방법으로 문제를 해결한다.

"그래요? 만약 우리가 3년 간 회비를 인상하지 않는다는 이사회의 동의를 얻어낸다면, 그것으로 당신의 문제는 해결된 셈이군요, 그렇지 않습니까?"

상대방은 그렇다고 대답한다. 이사회가 그렇게 하리라는 것은 당신도 사전에 알고 있었던 것이다. 결국 당신은 친구를 잃지 않고 승리자가 된 셈이다. 당신은 이 방법을 잘 기억해 두어야 한다. 사소한 일에 목숨 걸지 말고, 문제를 크게 보자!

∷ '만약에' 라고 묻지 말고 둘 중 한 가지를 선택하게 하라

동의를 얻어내는 최대의 방법은, '만약에……' 라고 묻지 말고 둘 중 한 가지를 선택하게 하라는 것이다. 요컨대 상대방에게 어떤 것을 '보느냐, 보지 않느냐' 가 아니라 두 가지 중에서 하나를 택하게 하라는 것이다.

유능한 변호사처럼 당신이 원하는 답을 얻을 수 있도록 유도 신문을 시도하라. 바라는 답을 얻을 수 있다는 확신이 서지 않거든 함부로 질문을 하지 말라는 것이다. 이것을 앞에서도 설명한 적이 있지만, 소심한 당신을 위해 다시 한 번 그것을 강조하고 싶다.

"메리 양, 오늘 밤 시간 좀 낼 수 있지요?"

이렇게 말해서는 안 된다. 그 대신 이렇게 말하라.

"오늘 밤, 몇 시에 만날까요? 일곱 시 아니면 일곱 시 반?"

그녀가 내성적인 성격이라면 이렇게 말하라.

"오늘밤은 어떤 영화를 볼까? 서부극? 아니면 로맨스?"

'영화를 봅시다.' 가 아니라 '어떤 영화를 볼까?' 라고 말하라는 것이다.

"기부금을 얼마나 내시겠습니까? 1백 달러? 아니면 2백 달러?"

또 이렇게 말해야 한다.

"파란 모자와 붉은 모자 중 어느 것이 저에게 잘 어울릴까요?"

이번에도 기부금을 부탁한다고 해서는 안 되며, 모자를 사도 좋을까 물어서도 안 된다. 언제나 어느 편을 택할까 하고 물어야 한다.

:: 좋은 면을 강조하고 나쁜 면은 숨겨라

상대방과 교제를 잘하기 위한 요령을 알고 있는 사람은, 대체로 부정적인 표현을 쓰지 않는 법이다.

남들과 대화를 나눌 때, 좋은 면은 이야기하고 나쁜 면을 숨기는 요령을 많이 지닐수록 당신은 보다 나은 인간관계를 유지할 수 있을 것이다.

나쁜 날씨에 관해서 이야기하기보다는 좋은 날씨에 대해서 이야기하도록 유의하라.

세일즈맨이라면 누구나가 알고 있듯이, '이 칫솔은 충치를 예방합니다.'라는 표현보다는 '이 칫솔은 이를 깨끗이 합니다.'라는 표현이 훨씬 듣기 편하다.

'수리비가 적게 든다.'는 사실을 강조하기보다는 이 차를 타면 얼마나 편안하고 쾌적한 승차감을 즐길 수 있는가를 고객에게 설명하는 편이 훨씬 나은 것이다.

상대방을 제압하는 다음 철학을 잘 기억해 두기 바란다.

'좋은 면을 이야기하고 나쁜 면은 숨기도록 하라.'

:: 상대방에게 마음의 부담을 주어서는 안 된다

지금까지 어떻게 하면 소심한 사람이 대담해지는가에 대해서 여러 가지 방법을 소개했다. 여기에도 하나의 요령이 있다. 그것은 '상대방에게 마음의 부담을 주지 마라.'는 것이다. 누군가를 만났을 때 '제 이름을 기억하고 있습니까?' 따위의 말을 절대로 해서는 안 된다. 상대방은 당신이 기억에 없을지도 모른다. 그렇게 되면 당신은 점점 더 언짢아지고 당황하게 될지도 모른다. 그러므로 상대방에게 다가가서 이렇게 말하는 것이다.

"제가 마이클입니다."

상대방은 곧 당신을 기억하고 있는 척하면서 이렇게 말할 것이다.

"아아! 마이클, 잘 지냈어요?"

이것으로 당신들은 서로 밝은 기분으로 지낼 수가 있게 된다.

남에게 당신의 이름을 알아맞히라고 하는 것은 그 사람에 대해서 실례가 된다. 잠시 후에는 그것이 일종의 보복이 되어 당신에게 되돌아오게 되는 것이다. 그럴 때는 재빨리 당신의 이름을 말하고 상대방의 체면을 세워 주어라. 그렇게 하면 상대방도 당장 당신의 체면을 세워 줄 것이다.

상대방을 설득하는 방법

첫째, 사소한 것은 일단 양보하라.

둘째, 중요한 것은 물고 늘어져라.

셋째, '만약에' 라고 묻지 말고 둘 중 한 가지를 선택하게 하라.

넷째, 좋은 면을 강조하고 나쁜 면은 숨겨라.

다섯째, 상대방에게 마음의 부담을 주어서는 안 된다.

상대방이 '네.' 라고
대답할 수 있게 만들어라

대부분의 사람들은 처음부터 자신의 생각대로 상대방을 설득시키기 위해 자신의 생각만을 강요하며 끊임없이 말을 늘어놓는 경향이 있다.

그러나 상대방으로 하여금 자신의 뜻을 받아들이게 하고 싶다면 처음부터 서로 의견이 상반되는 문제를 화제로 삼아서는 안 된다. 서로의 의견이 일치되는 부분부터 이야기하기 시작해서 진행시켜 나가야 한다. 서로가 같은 목적을 위해 노력하고 있다는 것을 상대방이 알 수 있도록 해야 하기 때문이다.

처음에는 상대방이 '네.' 라고 긍정적인 말을 할 수 있는 부분만을 골라서 이야기하는 것이 중요하다. 따라서 가능한 한 '아니오.' 라는 부정의 말이 나오지 않도록 한다.

오버스트리 교수는 이 점에 대해서 다음과 같이 말했다.

"상대방이 한 번 '아니오.' 라고 부정하게 되면 그 말을 다시 번복시키기가 힘들어진다. '아니오.' 라고 말한 이상 다시 번복한다는 것은 자존심이 허락하지 않기 때문이다. 끝까지 그것을 고집하게 되므로 처음부터 '네.' 라는 말이 나올 수 있도록 화제를 이끌어가는 기술이 필요하다."

화술에 능한 사람은 우선 상대방에게 몇 번이고 '네.' 라는 말이 나오도록 유도한다. 그러면 상대방 심리는 긍정적인 방향으로 움직이기 시작한다. 그것은 마치 공이 하늘에서 땅으로 떨어지는 것과 마찬가지이다. 긍정의 가속도가 새로운 긍정을 가져오게 되는 것이다. 그러나 그 공을 멈추게 하기 위해서는 상당한 힘이 필요하다. 더군다나 위로 다시 끌어올리기 위해서는 그보다 더 큰 힘이 필요하게 된다.

인간 심리의 움직임은 확실한 형태로 나타난다. 인간이 진심으로 '아니오.' 라는 거부의 뜻을 말할 때에는 입으로만 말하는 것이 아니라 여러 가지 현상이 동시에 일어나게 된다. '아니오.' 라고 말할 경우, 신체의 각종 내분비선과 신경, 근육 등의 모든 조직이 일제히 거부의 태세를 갖추고 바짝 긴장한다. 대개의 경우 약간의 뒷걸음질을 치려고 준비하는 것이다.

'네.' 라는 긍정적인 대답을 말할 때에는 이런 신체적 현상이 일어나지 않는다. 반대로 신체의 모든 조직이 무엇인가를 받아들이려는 준비를 갖추는 것이다. 처음부터 '네.' 라는 긍정적인 말을 많이 할수록 상대방을 원하는 방향으로 이끌어가기가 훨씬 쉬워진다. 상대방으로 하여금 '네.'라고 말하게 하는 방법은 지극히 간단하다. 그러나 실제로 이 간단한 방법은 제대로 활용되지 못하고 있다.

사람들 중에는 처음부터 무작정 반대함으로써 자기 자신의 중요성을 부각시키려는 사람들이 있다. 급진파와 보수파 사람들이 만나 서로 이야기를 나누면 우선 화부터 내게 된다. 도대체 그렇게 해서 무슨 이익이 있단 말인가? 단지 무조건 반대하는 데서 쾌감을 느낄 수 있다면 그것으로 좋을는지도 모른다. 그러나 어떤 성과를 기대하고 있는 것이라면, 그런 사람은 인간 심리에 관한 한 어리석은 바보임에 틀림없다.

학생이든 고객이든, 그 외에 아내나 남편, 또는 자식에게라도 처음부터 '아니오.'라고 말하게 하면 그것을 '네.'로 바꾸는 데에는 상당한 지혜와 인내가 필요하다.

뉴욕의 한 은행에서 출납계를 맡고 있는 제임스 에버슨은 '네.'라고 말하게 하는 긍정적인 화제를 이끌어내어 놓칠 뻔한 고객을 훌륭하게 붙잡았다. 에버슨의 이야기를 한 번 들어보자.

고객들이 처음 예금 구좌를 트기 위해서는 신청용지에 필요한 인적 사항을 기입해야 된다. 이때 사람들은 대부분 자진해서 인적 사항을 말해 준다. 그런데 한 사나이만은 달랐다. 내가 인간관계에 대한 공부를 시작하기 전이었다면, 이런 질문에 대답해 주지 않으면 은행 구좌를 개설해 줄 수 없다고 분명하게 말했을 것이다.

부끄러운 이야기지만 나는 사실 그동안 이런 식으로 해왔던 것이다. 은행의 규칙을 방패삼아 상대방을 골탕먹이는 건 확실히 통쾌한 일이다. 하지만 이런 태도는 일부러 우리 은행만 찾아오는 손님들에게는 불쾌감만을 주는 행위였다.

나는 대인 관계에 대한 공부를 시작한 사람답게 상식에 어긋나지 않는 긍정적인 태도를 취하기로 했다. 은행측의 희망이 아닌, 고객의 희망에 따라 일을 처리하기로 마음을 먹은 뒤로는 손님에게 '네.' 라는 말이 나오도록 만들어보고 싶었다. 나는 손님에게 마음에 들지 않는 질문에는 구태여 대답할 필요가 없다고 말하고 이렇게 덧붙였다.

"그렇지만 예금을 가입하신 후에 선생님께 무슨 일이라도 생긴다면 어떻게 하시겠습니까? 법적으로 선생님과 가장 가까운 분이 예금을 상속받도록 조치해 두시는 게 좋지 않을까요?"

그러자 재빨리 그의 대답이 들려왔다.

"네, 그게 좋겠군요!"

"그렇게 되면 저희가 착오 없이 신속하게 상속 수속을 할 수 있도록 선생님과 가장 가까운 친지분의 성함을 기록해 두어야 하지 않을까요?"

그는 쾌히 승낙했다.

이처럼 은행을 위해서가 아니라 그 자신을 위한 것이라는 걸 알게 된 순간 손님의 태도는 갑자기 변했다. 그는 인적 사항을 스스럼없이 말해 주었고, 내 권고에 따라 그의 어머니를 수취인으로 하는 신탁 구좌를 개설했다. 더욱이 그의 어머니에 대한 질문에도 기꺼이 응해 주었다.

그가 처음의 거부하던 태도를 잊고 나의 말을 따르게 된 것은 바로 '네.' 라는 대답이 나오도록 유도했던 덕분이었다.

아테네의 철학자 소크라테스는 인류 사상사에 가장 큰 변혁을 일으켰던 사람 중 하나이다. 그가 사람을 설득하는 방법은 고금을 통틀어 제1인자라고 해도 조금도 손색이 없는 사람이었다. 소크라테스는 상대방의 잘못을 지적하는 따위의 말은 결코 하지 않았다.

소위 소크라테스 식의 문답법을 사용하여 상대방에게 '네.' 라는 긍정적인 대답을 얻는 데 주안점을 두었다. 그는 우선 상대방이 '네.' 라는 대답을 거듭할 수 있는 질문만을 던졌다. 그러다 보면 상대방은 처음에는 부정했던 문제에 대해서도 자신도 모르게 '네.' 라는 대답을 하고 마는 것이다.

다음은 웨스팅하우스 사의 외판원인 조셉 앨리슨의 이야기다.

내가 담당하고 있는 구역에는 제품을 꼭 팔고 싶은 상대가 있었다. 내 전임자는 그 사나이를 10여 년 동안이나 쫓아다녔지만 아무런 성과도 얻지 못했다.

그 구역을 인계 받은 뒤 3년 동안 나는 거의 출근하다시피 했지만 아무런 성과가 없기는 마찬가지였다. 그 뒤 10년을 다닌 끝에야 비로소 몇 대의 모터를 팔 수 있었다. 내가 팔고 있는 모터의 성능이 좋다면 수백 대라도 팔 수 있었을 거라고 확신하고 있었다. 다행히 성능에는 문제가 없었다.

그로부터 3주일이 지난 후에 그를 찾아갔는데 뜻밖에도 그가 큰소리로 거절 의사를 밝혔다.

"이제 당신 회사의 모터는 그만 사겠소."

예기치 않은 반응에 나는 깜짝 놀랐다.

"무슨 이유로 그러십니까?"

"당신 회사의 모터는 너무 열을 잘 받아서 마음대로 손을 댈 수가 없어요."

나는 아무리 그렇지 않다고 상대방에게 말해 봐야 소용이 없다는 것을 다년간의 경험을 통해 알고 있었다. 그래서 나는 상대방에게 '네.' 라는 말을 듣도록 유도해야겠다고 생각했다.

"선생님이 그렇게 말씀하시는 건 당연합니다. 정말 그렇게 열을 잘 받는다면 더 이상 모터를 판다는 건 불가능하겠지요. 협회에서

정한 기준보다 열을 쉽게 받지 않는 제품을 선택하는 것이 당연합니다. 그렇지 않은가요?"

"네, 당신 말대로 입니다만 그 모터는 열을 더 많이 받지요."

나는 그의 말에 반대 의사를 표하지 않고 또 물었다.

"공장 내부의 온도는 몇 도 정도 됩니까?"

그는 75도 정도 된다고 말했다.

"공장의 75도에 72도를 더한다면 1백 47도가 됩니다. 만약 1백 47도나 되는 물에 손을 넣는다면 당연히 화상을 입겠지요?"

그는 또 '네.' 라고 대답했다.

"그럼 모터에 손을 댔다가는 역시 화상을 입겠군요."

"당신 말이 과연 옳소."

그는 내 말에 설득당하고, 우리는 잠시 잡담을 주고받은 뒤 헤어졌다. 이튿날 그는 3만 5천 달러치의 물품을 주문했다.

논쟁은 손해를 불러온다. 상대의 입장에서 생각해 주는 것이 논쟁을 벌이는 것보다 흥미롭고 좋은 결과를 가져온다. 돌이켜보면 논쟁으로 인해 우리는 얼마나 많은 손해들을 보고 살아왔던가.

당신이 만약 상대방의 잘못을 지적하고 싶어진다면 먼저 소크라테스의 문답법을 생각하라. 그리고 상대방의 입에서 '네.' 라는 말이 나올 수 있도록 유도하라. '부드러운 것이 강한 것을 이긴다.' 는 속담을 항상 기억하라.

긍정적인 대답을 유도하라

상대방으로 하여금 자신의 뜻을 받아들이게 하고 싶다면 처음부터 서로 의견이 상반되는 문제를 화제로 삼아서는 안 된다. 서로의 의견이 일치되는 부분부터 이야기하기 시작해서 진행시켜 나가야 한다. 서로가 같은 목적을 위해 노력하고 있다는 것을 상대방이 알 수 있도록 해야 하기 때문이다.

처음에는 상대방이 '네.'라고 긍정적인 말을 할 수 있는 부분만을 골라서 이야기하는 것이 중요하다. 따라서 가능한 한 '아니오.'라는 부정의 말이 나오지 않도록 한다. 상대방이 한 번 '아니오.'라고 부정하게 되면 그 말을 다시 번복시키기가 힘들어진다. 그것은 자존심이 허락하지 않기 때문이다. 끝까지 그것을 고집하게 되므로 처음부터 '네.'라는 말이 나올 수 있도록 화제를 이끌어가는 기술이 필요하다.